Für John,
Weihnachten 2013
von
Mama

MELANIE UND SIEGFRIED KRÖPFL

WIR KOCHEN VEGAN

VEGANER GENUSS FÜR DIE GANZE FAMILIE

KRENN
Hubert Krenn VerlagsgesmbH
www.hubertkrenn.at

IMPRESSUM

Idee und Rezepte: Melanie und Siegfried Kröpfl
Konzept und Organisation: Hanna Esezobor
Cover und grafische Gestaltung: Tanja Müllner
Lektorat: Melanie Hill
Fotografie: Fotostudio Riedmann, Andrea Knura, Michael Seyer,
fotolia (olhaafanasiera, tycoon101, cook_inspire, razmarinka, doris oberfrank-list, margo 555)
Druck und Bindung: Druckerei Theiss GmbH, A-9421 St. Stefan

Umwelthinweis: Dieses Buch ist nach Richtlinien des Umweltzeichens und mit ressourcenschonenden Materialien produziert.

Gedruckt nach der Richtlinie des Österreichischen Umweltzeichens „Druckerzeugnisse“, Druckerei Theiss GmbH, Nr. 869

www.hubertkrenn.at
ISBN 978-3-99005-181-8

FSC www.fsc.org
MIX
Papier aus verantwortungsvollen Quellen
FSC® C012536

INHALT

FRÜHSTÜCK

VORSPEISEN

SUPPEN

HAUPTSPEISEN

INHALT

SÜSSES

IT'S AS SIMPLE AS THAT!

I love great tasting food but I also love all living animals on this planet. That´s why I chose a healthy, vegan lifestyle. I went vegan, because of health reasons at first. Later came animals and the planet as my awareness was raised.

Siegfried Kröpfl, who shares my passion for vegan foods, has - supported by his daughter - collected a wonderful assortment of recipies in this book. Many of the recipies featured here include delicious alternatives to meat, fish and dairy - ideal for vegetarians, vegans, people suffering from lactose or casein intolerance, and anyone looking for a healthier and more ethical lifestyle but with a traditional 'austrian touch'.

What I would really like to see is people being educated and making conscientious choices, thinking, 'Okay, what would be good for my family, the animals and good for the planet?' It is without any argument eating a vegan diet. It's as simple as that!

Lots of love
Heather xxx

Heather Anne Mills, owner of VBites foods and restaurants worldwide, www.vbitesfoods.com

Heather Mills is an athlete, activist, charity campaigner and United Nations Association Goodwill Ambassador. Heather is a committed patron and activist for Viva!
Heather Mills' dream of competing at the Paralympic Games in Sochi, Russia in 2014 is now a step closer after she scooped a number of medals, most recent silver medal in New Zealand Winter Games World Cup in August 2013, four gold medals on the slopes of Aspen, Colorado in the USA etc.

Aubergine
Bites
Caramel

GEMEINSAM GENIESSEN!

Längst ist die vegane Küche ihren Kinderschuhen entwachsen. Wurde eine Ernährung ohne Fleisch, Milchprodukte und Eier zu früheren Zeiten in erster Linie mit Verzicht verbunden, liegt sie heuzutage voll im Trend: Wer etwas auf sich hält, speist zumindest ab und zu ganz bewusst rein pflanzlich. Kein Wunder, bedeutet die vegane Ernährung doch einen Gewinn für die Umwelt, für die Tiere und nicht zuletzt für die menschliche Gesundheit.

Viele moderne Familien kennen daher diese Herausforderung aus ihrem täglichen Leben: Ein Teil der Familienmitglieder lebt vegan, ein anderer isst Fleisch. Dennoch will man gemeinsam essen und genießen. Melanie und ihr Vater, der Haubenkoch Siegfried Kröpfl, haben kreative Ideen für exzellente rein pflanzliche Gerichte gefunden, bei denen selbst Fleischesser_innen, die die traditionelle österreichische Küche gewohnt sind, nicht auf den Genuss verzichten müssen. Von Melanies kulinarischen Kreationen konnte ich mich schon früher persönlich überzeugen, aber die Rezepte aus dem Buch haben dem noch die Krone aufgesetzt.

Als Obmann der Veganen Gesellschaft Österreich, die sich unter anderem mit Veranstaltungen wie den Veganmania-Sommerfesten und den Veggie-Planet-Messen, dem Lifestyle-Magazin VEGAN.AT, Vorträgen, Caterings und vielem mehr für die Bekanntmachung der Vorteile der veganen Lebensweise einsetzt, kann ich ein ansprechend gestaltetes Kochbuch wie dieses mit appetitanregenden Rezepten nur begrüßen.

In diesem Sinne wünsche ich Ihnen viel Spaß beim Nachkochen und Genießen!
Ihr Mag. Felix Hnat

Felix Hnat, Obmann der Veganen Gesellschaft Österreich, www.vegan.at

LIEBE LESERINNEN, LIEBE LESER!

Am Anfang war der Tiroler Knödel. Wir waren eine große Familie und schon als Kind habe ich in Mutters´ Küche den Kochlöffel geschwungen – etwa um diese Spezialität meines Heimatlandes zuzubereiten. Heute bin ich Koch mit Leib und Seele. Aber auch nach vielen Jahren an Erfahrung probiere ich gerne neue Gerichte aus. Inspiriert durch unsere Tochter Melanie habe ich die vegane Küche kennen gelernt. Meine anfängliche Skepsis wich einem Staunen über die Vielfalt an Möglichkeiten, auf vegane Weise die köstlichsten Gerichte zubereiten zu können. Bei uns zuhause wird mittlerweile nur mehr vegan gekocht. Und glauben Sie ruhig einem „alten Hasen" der Küche: Selbst Klassiker der traditionellen Küche kann man fleischlos auf höchstem Geschmacksniveau genießen.
Die gemeinsame Arbeit mit meiner Tochter hat uns beide kulinarisch sehr inspiriert und immer wieder neue Kreationen hervorbringen lassen. Wir hoffen, dass auch Sie in unserem Buch Inspiration finden und Ihnen die Früchte unserer Arbeit so gut schmecken wie uns.

Als Kind habe ich viel Zeit auf Bauernhöfen bei meinen Verwandten in Tirol verbracht. Also beschloss ich bereits mit 9 Jahren, keine Tiere mehr zu essen. Im Laufe meiner Ausbildung zum Dipl. Ernährungscoach begann mich das Thema Veganismus zu interessieren. Mir wurde endgültig klar, dass ich die Art, wie Tiere für unser Essen behandelt und getötet werden, weder akzeptieren, noch unterstützen möchte.
Seit einiger Zeit lebt mein Hund Schnudi bei mir, der mich in dem Wissen bestärkt, dass jedes Tier eine individuelle Persönlichkeit und ein Recht auf Leidfreiheit hat. Jedes Jahr werden weltweit durchschnittlich 50 Milliarden Tiere für unsere Nahrung getötet. Aber es geht auch anders. Mit diesem Kochbuch möchte ich zeigen, dass ein veganes Leben nicht Verzicht bedeutet. Wir können unsere Lieblingsspeisen weiterhin essen - in einer gesunden, schmackhaften und tierleidfreien Form. Die Frage sollte also nicht lauten „Warum vegan?", sondern „Warum nicht vegan?" – Geschmack ist ab jetzt keine Ausrede mehr!

KLEINES, VEGANES ABC

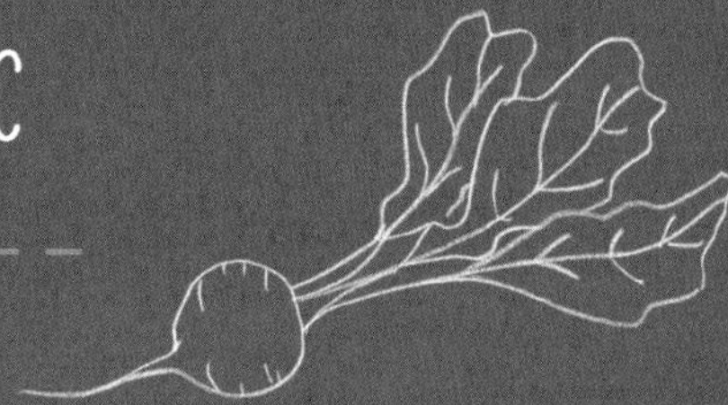

WAS IST VEGAN?

Veganismus ist eine Philosophie und Lebensweise, die vorwiegend aus ethischen Gründen die Nutzung von Tieren und tierischen Produkten ablehnt. In einer veganen Ernährung verzichtet man also bewusst auf Fleisch, Fisch, Gelatine, Eier, Milch und Milchprodukte (Butter, Topfen, Joghurt, Obers etc.) und Honig. Wer sich für eine vegane Lebensform entscheidet, lehnt nicht nur tierische Produkte in der Ernährung ab, auch bei Bekleidung und Kosmetik sind pflanzliche Alternativen gefragt.

Der Begriff "vegan" leitet sich aus dem englischen Wort "vegetarian" ab. Der Engländer Donald Watson führte diese begriffliche Trennung ein, da eine vegetarische Ernährung (also mit Milch und Eiern) Tierleid nur zum Teil vermeidet.

WARUM VEGAN?

Es gibt zahlreiche Gründe, die für eine vegane Ernährung sprechen. Neben den ethischen Motiven zählt auch der gesundheitliche Aspekt und das Bestreben nach einer ökologisch nachhaltigeren Lebensweise. Pflanzliche Lebensmittel schmecken nicht nur köstlich, sie sind auch gesünder. Veganer_innen haben daher Vorteile wenn es um Körpergewicht, Krankheitshäufigkeit, Krebsanfälligkeit oder Lebenserwartung geht, da weniger gesättigte Fette und Cholesterin, andererseits mehr Vitamine, Mineral- und Ballaststoffe aufgenommen werden.

Auch unsere Umwelt profitiert von einer pflanzlichen Ernährung. Die Nutztierhaltung verbraucht nicht nur enorme Mengen an Land, sie verschmutzt auch unseren Planeten. Die Produktion von tierischen Lebensmitteln verursacht knapp 20% aller weltweiten Treibhausgase. Das ist deutlich mehr als der gesamte Verkehrssektor verursacht.

Vieles spricht mittlerweile für eine vegane Lebensweise. Fleischskandale, Massentierhaltung, Treibhauseffekt, Überfischung, Butterberge, skandalöse Tierversuche: Es ist an der Zeit, alte Ernährungsgewohnheiten über Bord zu werfen und sich wieder einer bewussteren Lebensführung zuzuwenden. Kurzum: Vegan zu leben ist gut für Mensch, Tier und Umwelt.

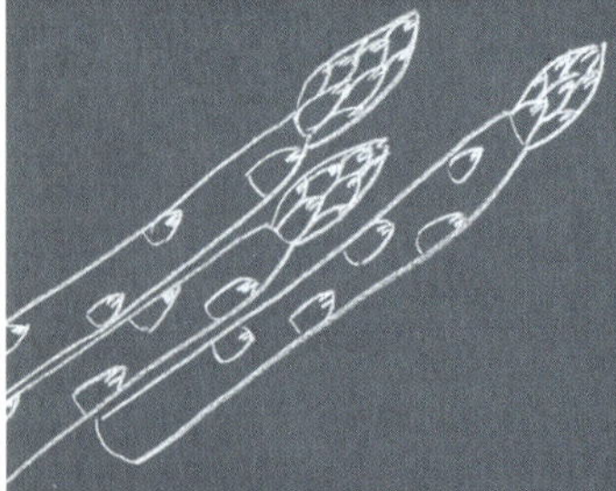

ZUTATEN DER VEGANEN KÜCHE

AGAR-AGAR ist ein geschmacksneutrales Geliermittel, das aus Algen gewonnen wird. Es ist wie Gelatine einzusetzen (1TL Agar-Agar entspricht 4 Blatt Gelatine).

AGAVENSIRUP wird auch Agavendicksaft genannt und ist eine pflanzliche Alternative zu Honig. Agavensirup kann auch - wenn die Konsistenz keine Rolle spielt – anstelle von Zucker verwendet werden.

EIER kann man je nach Bedarf durch unterschiedliche Produkte ersetzen. Für flaumige Teige genügt es meist, mehr Backpulver zu verwenden. Als Bindemittel kann man z.B. Leinsamen, Stärke, Sojajoghurt oder Bananenmus verwenden. Es gibt auch fertiges Ei-Ersatz-Pulver zu kaufen, das man mit Wasser anrührt und überall dort einsetzt, wo Rezepte nach Eiern verlangen.

FRISCHKÄSE oder Rahm auf Sojabasis gibt es u.a. von Vegavita, Tofutti und Soyana.

FLEISCH kann man ganz einfach ersetzen durch Tofu (aus Sojabohnen) oder Seitan (aus Weizen). Durch seinen neutralen Geschmack kann Tofu vielseitig angewendet und gewürzt werden. Der geschmacklich intensivere Räuchertofu ist u.a. ein guter Speck-Ersatz. Auch Seitan gibt es in den verschiedensten Formen zu kaufen (z.B.Schnetzel, usw.)

JOGHURT: Sojajoghurt ist in den verschiedensten Geschmacksrichtungen erhältlich.

KÄSE: Für einen „käsigeren“ Geschmack (z.B. für Saucen), kann man Hefeflocken verwenden. Fertigen veganen Käse gibt es aber auch zu kaufen – am Stück, in Scheiben oder gerieben (z.B. von Vegourmet, Wilmersburger, No Muh Chäs, VBites).

KALA NAMAK wird auch schwarzes Salz genannt. Durch seinen schwefeligen Geschmack verleiht es Speisen ein Ei-ähnliches Aroma. Es ist daher bestens geeignet für vegane Eierspeise oder Ei-Aufstrich. Erhältlich ist Kala Namak in veganen Online Shops und indischen Geschäften.

SAHNE/OBERS: Pflanzliche Sahne zum Kochen gibt es auf Basis von Hafer, Reis und Soja (z.B. Oatly, Alpro, Joya). Aufschlagbare Sahne wird als „Schlagcreme" auf Basis von pflanzlichen Fetten verkauft (z.B. Soyatoo Whip, Natumi, Hulala Plus).

SCHOKOLADE: Kochschokolade, Kuvertüre und Zartbitterschokolade sind häufig milchfrei. Cremigere, weniger herbe Schokolade gibt es auch auf Basis von Soja- oder Reismilch zu kaufen (z.B. von Bon Vita, Naturata, Freely Bio Reisgenuss Couverture).

MARGARINE ist eine einfache Alternative zu Butter. Aber Achtung! Nicht jede Margarine ist vegan, da sie oft Milchbetandteile oder Vitamin D tierischen Ursprungs enthält. Rein pflanzliche Margarinen gibt es zum Beispiel von Alsan und Alpro.

MILCH kann beliebig ersetzt werden durch pflanzliche „Drinks" auf Basis von Soja, Getreidesorten oder Nüssen. Wir kochen am liebsten mit geschmacksneutraleren Sorten wie Soja- oder Hafermilch. Für süßere, nussige Geschmäcker sind Mandel- oder Haselnussmilch geeignet. Nussmilch kann man auch sehr leicht selber herstellen, indem man eingeweichte Nüsse mit Wasser aufmixt.

MEHL: Falls nicht anders angegeben, kann man das klassische helle Weizenmehl in unseren Rezepten nach Wunsch durch Dinkelmehl oder – mit etwas mehr Flüssigkeit – durch Vollkornmehl ersetzen.

NUSS MUS: Mus aus Mandeln, Cashews, Kokos, Sesam oder Haselnüssen geben Saucen, Dips und auch Süßspeisen eine einzigartige Cremigkeit.

NÜTZLICHE ADRESSEN:

Geschäfte mit veganen Lebensmitteln:
Formosa Food / Barnabitengasse 6, 1060 Wien
Loving Hut / Neubaugürtel 38/5, 1070 Wien
Maran Vegan /Stumpergasse 57, 1060 Wien
Veganz (ab Dezember 2013) / Margaretenstraße 44, 1050 Wien
Reformhäuser, aber auch Supermärkte verfügen mittlerweile über eine große Auswahl an veganen Produkten (Milch, Joghurt, Käse, Tofu, Laibchen etc.)

Online:
Ö: bioveganversand.at, muso-koroni.com, veganversand.at, veganversand-lebensweise.at, veganbag.at, veganpower.at, vbitesfood.com

Weitere informative Links:
vegan.at; vgt.at; earthlings.de

FRÜHSTÜCK

FÜR EINEN GUTEN START IN DEN MORGEN!

GENIESSEN SIE JE NACH SAISON EINE FRISCHE MANDEL-ERBEER MILCH ODER EINEN KIRSCHEN-KOKOS SMOOTHIE. WER DEN KLASSIKER „BROT MIT AUFSTRICH" BEVORZUGT, WÄHLT ETWA DEN VEGANEN EI-AUFSTRICH UND FÜR DIE SÜSSEN UNTER IHNEN DÜRFEN ES AUCH DER NOUGAT AUFSTRICH ODER DIE HEIDELBEER-DINKELMUFFINS SEIN.

HANF-HEIDELBEER MILCH

2 große Gläser

100 g Hanfsamen
200 g Heidelbeeren
1 reife Banane
600 ml Wasser

Die Hanfsamen über Nacht in Wasser einweichen. Abgießen und mit frischem Wasser in einem Standmixer mixen bis feine Hanfmilch entsteht.
Samenreste durch ein Sieb oder Tuch absieben. Die fertige Hanfmilch nochmals mit den Heidelbeeren und der Banane mixen.

PERFEKTER MUNTERMACHER

MANDEL-ERDBEER MILCH

2 große Gläser

150 g Mandeln
300 g Erdbeeren
30 g Goji Beeren
650 ml Wasser

Die Mandeln über Nacht in Wasser einweichen. Abgießen und mit frischem Wasser in einem Standmixer mixen bis feine Mandelmilch entsteht.
Nussreste durch ein Sieb oder Tuch absieben. Dann die fertige Mandelmilch mit den Beeren mixen.

GREEN SMOOTHIE

2 große Gläser

50 g Jungspinat
10 g Petersilie oder Karottengrün
1 Apfel
3 Orangen
8 Karotten

Orangen auspressen, Karotten entsaften, Apfel entkernen und klein schneiden. Mit den restlichen Zutaten im Standmixer mixen und nach Belieben etwas Wasser dazugeben.

GURKEN-APFEL SMOOTHIE

4 Portionen

4 Äpfel
1 Salatgurke
1 Zitrone
2 EL Ahornsirup
250 ml Apfelsaft
etwas Minze
etwas Vanillepulver
250 ml Wasser

Äpfel entkernen und in kleine Stücke schneiden. Die Gurke halbieren und die Kerne entfernen.
Zitrone auspressen. Alle Zutaten mit Wasser gut aufmixen. Mit Eiswürfeln in einem Glas servieren.

KIRSCHEN-RHABARBER-KOKOS SMOOTHIE

4 Portionen

400 g entkernte Kirschen
250 ml Kokosmilch
1 Zitrone
150 g Rhabarber
50 g Agavensirup
etwas Vanillepulver
250 ml Wasser

Rhabarber schälen und in kleine Stücke schneiden. Agavensirup mit etwas Wasser, Vanille und Zitronensaft aufkochen lassen. Rhabarber beigeben, kurz aufwallen und kalt stellen.
Alle Zutaten vermengen und mit Wasser aufmixen.

HUMMUS AUFSTRICH

8 Portionen

400 g Kichererbsen (aus der Dose oder vorgekocht)
2 Knoblauchzehen
2 EL Tahini (Sesam Mus)
1 EL Olivenöl
2 EL Zitronensaft
Salz, Pfeffer
1 TL Paprikapulver
½ TL Cumin
3 EL gehackte Petersilie
Pinienkerne

Kichererbsen, kleingehackte Knoblauchzehen, Tahini, Olivenöl und Zitronensaft mit dem Stabmixer pürieren. Die Masse salzen, pfeffern und mit Paprikapulver und Cumin würzen. In einem tiefen Teller anrichten, mit Pinienkernen und Petersilie garnieren.

BOHNEN-CURRY AUFSTRICH

6 Portionen

200 g Kidneybohnen (aus der Dose oder vorgekocht)
1 EL Tomatenmark
1 kleine Zwiebel
1 EL Balsamico Essig
1 ½ EL mildes Currypulver
½ TL Salz

Kidneybohnen, kleingeschnittene Zwiebel, Tomatenmark und Essig mit einem Stabmixer pürieren. Die Masse mit Curry und Salz würzen.

EI AUFSTRICH

4 Portionen

150 g Naturtofu
¼ Zwiebel
2 Essiggurkerl
Schnittlauch
4 EL vegane Mayonnaise (z.B. von Plamil)
1 TL Kurkuma
½ TL Kala Namak (Schwarzes Salz)
1 TL Paprikapulver

Den Naturtofu gut ausdrücken. Zwiebel und Gurkerl klein schneiden und untermengen. Mit dem Stabmixer pürieren. Die restlichen Zutaten dazugeben und mischen. Je nach Vorliebe mit Paprikapulver abschmecken.

Tipp: In ausgehöhlten Tomaten gefüllt und mit Petersilie dekoriert, sieht der Aufstrich besonders lecker aus.

» VIELE MEINER FREUNDINNEN KÖNNEN GAR NICHT GLAUBEN, DASS MEIN EI-AUFSTRICH TATSÄCHLICH VEGAN IST. DAS GEHEIMNIS IST DAS SCHWARZE SALZ MIT SEINEM SCHWEFELHALTIGEN AROMA. EIN ABSOLUTER GEHEIMTIPP! «

AVOCADO-GURKE AUFSTRICH

– – – – – – – 4 Portionen – – – – – – –

2 Avocados
2 EL Zitronensaft
½ TL Knoblauchpulver
Salz, Pfeffer
evtl. Chilipulver
1 kleine Gurke (ca. 100 g)
2 EL Petersilie
4 Salatblätter

Das Fleisch der Avocados zusammen mit Zitronensaft pürieren. Gurke fein dazu reiben und gut umrühren. Mit den restlichen Zutaten würzen.
Auf einem frischen Salatblatt anrichten und mit Petersilie garnieren.

NOUGAT AUFSTRICH

– – – – – – – 2 Portionen – – – – – – –

200 g Haselnuss Mus
6 g ungesüßtes Kakaopulver
15 g Agavensirup
etwas Vanillepulver
evtl. 2 EL Kokosöl (oder anderes geschmacksneutrales Öl)

Haselnuss Mus, Kakaopulver, Agavensirup und Vanillepulver gut vermengen. Für eine streichfähigere Konsistenz eventuell etwas Kokosöl dazumischen.

WAFFELN

6 Stück

250 g Mehl
½ Pkg. Backpulver
4 EL Zucker
½ Pkg. Vanillezucker
Salz
250 ml Sojamilch

Mehl mit Backpulver, Zucker, Vanillezucker und Salz mischen. Sojamilch einrühren und gut vermengen. Im Waffeleisen 6 Waffeln zubereiten.

» KENNENGELERNT HABEN WIR WAFFELN IN KANADA. DA GAB ES SIE MIT FRISCHEN BEEREN ODER NATÜRLICH AHORNSIRUP. WAFFELN DURFTEN BEI KEINEM FRÜHSTÜCK FEHLEN. «

EIERSPEISE

— — — — — — —2 Portionen — — — — — — —

Sonnenblumenöl
½ Zwiebel
400 g Naturtofu
Kala Namak (Schwarzes Salz)
Pfeffer
Kurkuma
100 ml Sojasahne
Schnittlauch

Zwiebel klein schneiden, Tofu mit einer Gabel zerdrücken und beides in Öl anbraten. Kurkuma dazugeben und mit Sojasahne ablöschen. Mit schwarzem Salz und Pfeffer würzen. Mit Schnittlauch servieren.

CHIA PUDDING MIT FRÜCHTEN

— — — — — — — 2 Portionen — — — — — — —

500 ml Sojamilch
50-70 g Chia Samen
frische Beeren nach Wahl (Erdbeeren, Himbeeren, Brombeeren, Ribisel, Stachelbeeren)

Chia Samen mit Sojamilch mischen und mindestens 20 Minuten im Kühlschrank quellen lassen. Um die Klümpchen aufzulösen, die Mischung gut durchrühren. Mit Beeren servieren.

HEIDELBEER-DINKEL MUFFINS

8 Stück

250 g Dinkelvollkornmehl
150 g Zucker
1 Pkg. Backpulver
120 ml Sonnenblumenöl
2 EL Essig
250 ml Mandelmilch
250 g frische Heidelbeeren
125 ml vegane Schlagcreme
Früchte zum Garnieren

Backofen auf 180° vorheizen. Alle trockenen Zutaten (Mehl, Zucker, Backpulver) mischen. Anschließend alle flüssigen Zutaten (Mandelmilch, Öl, Essig) mischen. Dann beides mit einem Löffel gut verrühren und Heidelbeeren unterheben.
Den Teig in eingefettete Muffinformen füllen und 15 Minuten backen. Mit Schlagcreme und Früchten garnieren.

BEERENWAHL NACH SAISON

» ICH LIEBE MUFFINS. SIE SIND KINDERLEICHT UND SCHNELL ZU MACHEN. DIE FRÜCHTE KANN MAN JE NACH JAHRESZEIT UND BELIEBEN VARIIEREN. «

MILCHREIS MIT NÜSSEN UND ERDBEEREN

4 Portionen

200 g Rundkornreis
250 ml Hafersahne
250 ml Hafermilch
etwas Vanillezucker
eine Prise Salz
80 g Ahornsirup
1 Zitrone
100 g klein gehackte Nüsse
200 g Erdbeeren
1 TL Zimt

Reis mit Hafersahne, Hafermilch, Vanillezucker, Salz und Ahornsirup ca. 20 Minuten unter stetigem Rühren langsam köcheln lassen. Nun die geriebene Schale von der Zitrone beigeben und etwas auskühlen lassen.
Den Milchreis danach mit den Nüssen und Erdbeeren verfeinern. Mit Zimt bestreuen.

SÜSSER FRÜHLINGS-GRUSS

» MILCHREIS ERINNERT MICH AN MEINE KINDHEIT, DA BEKAMEN WIR IHN OFT ZU ESSEN – NICHT NUR WENN WIR KRANK WAREN, SONDERN WEIL ER SO GUT SCHMECKTE. ZU MILCHREIS PASSEN BEEREN UND FRUCHTSAUCEN SEHR GUT. «

VORSPEISEN

ALS APPETITMACHER ODER HAPPEN FÜR ZWISCHENDURCH

SALATE UND KLEINE SPEISEN EIGNEN SICH BESONDERS, WENN DER HUNGER EINMAL NICHT SO GROSS IST. UND WER SICH IM BÜRO GESUND ERNÄHREN WILL, GENIESST SALAT MIT SELBSTGEMACHTER BALSAMICO MARINADE ODER SPARGELVINAIGRETTE.

BALSAMICO MARINADE

4 Portionen

2 EL Balsamico Essig
1 EL Rotweinessig
Salz, Pfeffer
2 EL Olivenöl
2 EL Sonnenblumenöl
1 EL Agavensirup
1 EL Wasser

Essig, Öle und Wasser gut mit dem Schneebesen verrühren. Nach Geschmack mit Salz und Pfeffer würzen. Anschließend mit dem Agavensirup abschmecken.

FRENCH DRESSING

4 Portionen

2 EL Rotweinessig
2 EL Weißweinessig
4 EL Olivenöl
1 Zitrone
Salz, Pfeffer
2 EL Sojasahne
evtl. frische Kräuter

Rotweinessig und Weißweinessig mit Olivenöl, etwas Zitronensaft und der Sojasahne gut mixen. Mit Salz und Pfeffer würzen.

Tipp: Frisch gehackte Kräuter wie Estragon, Kerbel und Schnittlauch passen sehr gut in dieses Dressing.

ROTWEIN MARINADE

4 Portionen

4 EL Rotweinessig
4 EL Olivenöl
Salz, Pfeffer
1 Zitrone
frische Kräuter (Kerbel, Petersilie, Schnittlauch)

Essig und Olivenöl mit etwas Salz und Pfeffer gut verrühren. Mit etwas Zitronensaft und den gehackten Kräuter verfeinern.

Tipp: Sollte die Marinade zu scharf sein, mit etwas Wasser verdünnen.

GEMÜSE-QUINOA SALAT

2 Portionen

MARINADE
Saft von 2 Zitronen
2 EL Olivenöl
1 TL Agavensirup
1 EL Paprikapulver
1 EL Kurkuma
Salz, Pfeffer

SALAT
150 g Quinoa
400 ml Gemüsebrühe
1 Paprika
½ Avocado
½ Gurke
100 g Kirschtomaten
100 g Mais
3 kleine Jungzwiebeln
100 g Karotten

Alle Zutaten für die Marinade miteinander verrühren.

Quinoa in der Gemüsebrühe 20 Minuten kochen. Auskühlen lassen. Paprika, Avocadofleisch, Jungzwiebeln, Karotten und Gurke schneiden. Kirschtomaten halbieren. Das gesamte Gemüse mit der Marinade mischen. Dann den fertigen Quinoa dazumischen. Erneut abschmecken.

» BEI MIR KOMMT QUINOA ÖFTERS AUF DEN TISCH, DENN GLUTENFREIE GETREIDESORTEN SIND EINE GUTE ALTERNATIVE ZU WEIZENPRODUKTEN ODER REIS. SIE ENTHALTEN VIELE AMINOSÄUREN, BALLASTSTOFFE UND MINERALSTOFFE. «

ERDÄPFEL-AVOCADO SALAT

– – – – – – – 2 Portionen – – – – – – –

MARINADE
125 ml Gemüsebrühe
5 EL Essig
1 EL Olivenöl
1 EL Senf
Chilipulver
Salz, Pfeffer

SALAT
500 g festkochende Erdäpfel
1 Zwiebel
1 Avocado

Für die Marinade Gemüsebrühe aufkochen und mit den restlichen Zutaten gut verrühren.

Erdäpfel kochen, schälen und blättrig schneiden. Zwiebel fein hacken. Avocado würfeln und dazumischen. Mit der feingehackten Zwiebel bestreuen. Mit der Marinade übergießen. Mindestens 2 Stunden durchziehen lassen.

BLÜTENSALAT MIT GEBRATENEM TOFU

– – – – – – – 4 Portionen – – – – – – –

MARINADE
2 EL Weißweinessig
1 EL Balsamico Essig
4 EL Olivenöl
Salz, Pfeffer

SALAT
200 g Räuchertofu
400-500 g Blütensalat (Frisee, Eichblattsalat, Vogerlsalat, junge Mangoldblätter)
Salz, Pfeffer
2 EL Olivenöl

Blüten für die Garnitur

Für die Marinade alle Zutaten vermischen.

Räuchertofu in kleine Würfel schneiden und in einer Pfanne mit etwas Olivenöl kurz scharf anbraten. Blütensalate mit der Marinade vermischen und auf einem flachen Teller anrichten.

SPARGEL VINAIGRETTE

4 Portionen

400 g grüner Spargel

VINAIGRETTE
100 g klein geschnittene Paprikawürfel (gelb, grün und rot)
frische Kräuter (Kerbel, Petersilie, Schnittlauch)
2 EL weißer Balsamico Essig
4 EL Olivenöl
Salz, Pfeffer
1 Zitrone
60 g fein geschnitten Shalotten
100 g Tomatenwürfel

Spargel schälen und in Wasser mit etwas Salz nicht zu weich kochen - ca. 8 Minuten je nach Stärke des Spargels.

Paprikawürfel und Kräuter mit Balsamico Essig und Olivenöl gut verrühren. Mit Salz, Pfeffer und Kräutern würzen. Mit etwas Zitronensaft und den klein geschnittenen Tomatenwürfeln verfeinern. Spargel auf einem Teller anrichten und mit der Vinaigrette beträufeln

IDEAL AUCH MIT WEISSEM SPARGEL

» SEIT WIR IM MARCHFELD WOHNEN, IST ES EIN MUSS, SPARGEL ZU ESSEN. WO WÄCHST ER SONST DIREKT VOR DER TÜR? UND MIT DIESER VINAIGRETTE ALS BASIS LASSEN SICH – NICHT NUR IN DER SPARGELZEIT – VIELE ERFRISCHENDE GERICHTE AUF DEN SPEISEPLAN ZAUBERN. «

BULGUR SALAT MIT PAPRIKA

4 Portionen

MARINADE
Salz, Pfeffer
Saft von 1 Zitrone
4 EL Olivenöl
2 EL weißer Balsamico Essig
300 ml Wasser

SALAT
200 g Bulgur
200 g Tomaten
150 g gewürfelte Paprika
(gelb, grün und rot)
100 g Petersilie

Aus den Zutaten eine Marinade herstellen.

Bulgur im Wasser kochen und auskühlen lassen. Tomaten und Paprika entkernen, fein würfeln und dazumischen.
Gemüse mit Bulgur und der Marinade vermengen.

Tipp: Sehr dekorativ sieht der Salat aus, wenn er in einem kleinen Glas angerichtet wird.

» ICH LIEBE DIE KOMBINATION VON GETREIDESORTEN MIT GEMÜSE UND KRÄUTERN. IM SOMMER BEVORZUGE ICH DIE „KALTE" VERSION MIT MARINADE ALS EINE ART SALAT. «

SPROSSENSALAT MIT CHORIZO

4 Portionen

MARINADE
Salz, Pfeffer
4 EL Olivenöl
2 EL roter Balsamico Essig
1 EL weißer Balsamico Essig
Saft von 1 Zitrone

SALAT
200 g verschiedene Sprossen (Alfalfa-Sprossen, Brokkoli-, Radieschen-Sprossen)
4 Scheiben Sprossenkräcker (z.B. von Lifefood)
200 g vegane Chorizo (z.B. von Vegourmet, Wheaty oder VBites)
400 g gemischte Blattsalate

Aus Olivenöl, Balsamico und etwas Zitronensaft eine Marinade herstellen. Mit Salz und Pfeffer würzen.

Blattsalate und Sprossen kurz waschen und gut abtropfen lassen.
Chorizo in Scheiben schneiden und in der Pfanne mit etwas Olivenöl kurz anbraten und bereitstellen.
Sprossen und Salate gut mit der Marinade vermengen.
Auf einem Teller mit Chorizo anrichten. Sprossenkräcker dazureichen.

» EIN TOLLES GERICHT BESONDERS MIT DEN SPROSSENKRÄCKERN. SCHMECKT HERVORRAGEND UND VERLEIHT DEN EINFACHSTEN SALATEN DEN BESONDEREN BISS. «

CAESAR SALAD MIT SEITANSTREIFEN

4 Portionen

MARINADE
150 g vegane Mayonnaise (z.B. von Plamil)
2 EL weißer Balsamico Essig
20 g fein gehackte Petersilie
Salz, Pfeffer
1 Zitrone

SALAT
1 Kopf Eisbergsalat
100 g Weißbrotwürfel
3 EL Olivenöl
80 g geriebener veganer Käse
200 g Seitan

Für die Marinade vegane Mayonnaise mit Essig, Petersilie, Salz und Pfeffer mischen. Etwas Zitronensaft beigeben und nochmals verrühren.

Eisbergsalat klein schneiden, gut waschen, abtropfen lassen und in eine Schüssel geben. Brotwürfel in Olivenöl goldbraun rösten und auf Krepppapier abtropfen lassen. Seitan in feine Streifen schneiden und in etwas Olivenöl gut anbraten. Salat mit Brotwürfeln, Seitan, Käse und Marinade vermengen. Mit Kresse oder Basilikum garnieren.

» MEINE SCHWESTER, DIE SEIT EINIGEN JAHREN IN AMERIKA LEBT, SCHWÄRMT VON DIESEM SALAT. WENN SIE MICH IN ÖSTERREICH BESUCHEN KOMMT, ÜBERRASCHE ICH SIE MIT EINER VEGANEN VERSION, DIE SIE NOCH LIEBER ISST. «

HERZHAFTE MUFFINS

15 Stück

250 g Mehl
1 Pck. Backpulver
4 EL Hefeflocken
3 EL getr. Oregano
1 EL getr. Majoran
100 ml Rapsöl
200 ml Wasser
50 g Sojajoghurt
2 Paprika
2 Frühlingszwiebel
100 g Mais
Salz, Pfeffer

Ofen auf 180° vorheizen. Mehl, Backpulver und Hefeflocken mit Kräutern mischen. Sojajoghurt mit Rapsöl und Wasser anrühren und in die Mehlmischung einrühren. Paprika entkernen und kleinschneiden. Frühlingszwiebel feinhacken. Beides in den Teig mischen. Mit Salz und Pfeffer würzen. Teig in Muffinformen füllen und ca. 20min backen.

Tipp: Das Basis-Teigrezept für pikante Muffins lässt sich beliebig verändern und verfeinern. Ob mit Spinat, veganem Frischkäse, getrockneten Tomaten oder pur mit ein paar frischen Kräutern – alles ist machbar.

CAPRESE

2 Portionen

200 g fester Naturtofu
2 große Tomaten
1 Bund frische Blätter Basilikum
Salz, Pfeffer
1-2 EL Balsamico Essig
10-20 ml Olivenöl

Tofu in dünne Scheiben schneiden, trocken tupfen und etwas salzen. Tomaten vom Strunk befreien und in ½ cm dicke Scheiben schneiden.
Tofu- und Tomatenscheiben auf einen Teller drapieren. Mit Salz und Pfeffer würzen. Basilikumblätter dazugeben. Mit Olivenöl und Essig beträufeln.

» STATT NATURTOFU VERWENDEN WIR HIN UND WIEDER DEN VEGANEN MOZARELLA, DEN ES AUCH SCHON ZU KAUFEN GIBT. «

TATAR VON AVOCADO UND TOMATE

— — — — — — — 4 Portionen — — — — — — —

4 Avocados
4 große Tomaten
100 g Zwiebel
60 g Schnittlauch
20 g Kerbel
1 Zitrone
Salz, Pfeffer

Avocados entkernen und in kleine Würfel schneiden. Mit Salz, Pfeffer und Zitronensaft vorsichtig vermengen. Tomaten ca. 1 Minute in kochendem Wasser blanchieren und danach sofort in kaltem Wasser abkühlen. Dann Schälen,entkernen und in kleine Würfel schneiden. Mit der gehackten Zwiebel vermischen. Mit Salz und Pfeffer würzen und mit etwas Schnittlauch vermengen. Avocado- und Tomatenwürfel nun schichtweise in eine Form füllen und auf einem Teller anrichten.

ANTIPASTI TERRINE

— — — — — — — 4 Portionen — — — — — — —

150 g Tomaten
je 150 g gelbe und grüne Zucchini
150 g Melanzani
Salz, Pfeffer
1 Zitrone
125 ml Olivenöl
200 g gelbe Paprika
etwas Thymian
1 Bund Basilikum

Tomaten in Scheiben schneiden. Zucchini und Melanzani in ca. 2 mm dünne Streifen schneiden, mit Salz und Pfeffer würzen und mit etwas Zitronensaft beträufeln. Nun auf einer Grillplatte oder in einer Pfanne mit Olivenöl goldbraun anbraten. Paprika entkernen, in gröbere Stücke schneiden und ebenfalls kurz in der Pfanne anbraten.

Das Gemüse mit Thymian und Basilikum bestreuen und im lauwarmen Zustand in eine Terrinenform oder in kleinere Förmchen schichten, gut andrücken und mit Tomatenscheiben abschließen.

Kalt stellen. Danach portionieren und mit etwas Olivenöl beträufeln.

SUPPEN

EINE WARME SUPPE WÄRMT DEN MAGEN

SUPPEN HABEN IN ÖSTERREICH TRADITION. GRIESSNOCKERL-, FRITTATEN- ODER ERDÄPFELSUPPE: LECKERE SUPPEN ERINNERN AN DIE EIGENE KINDHEIT IN MUTTERS' KÜCHE. UND WER ES INTERNATIONALER MAG, KOCHT SICH SEIN SÜPPCHEN MIT INGWER, GERÖSTETEN CROUTONS ODER ASIATISCHEN GEWÜRZEN.

ASIATISCHE KÜRBISCREME SUPPE

4 Portionen

350 g Kürbis
je 80 g Lauch, Karotten und gelbe Rüben
50 g Staudensellerie
1 Knoblauchzehe
1 rote Chilischote
40 g Zitronengras
30 g vegane Margarine
750 ml Gemüsebrühe
140 ml Kokosmilch
1 TL grüne Currypaste
Salz, Pfeffer

Kürbis kleinwürfelig schneiden. Lauch, Karotten, Rüben und Staudensellerie klein schneiden. In Margarine anschwitzen und mit Brühe sowie Kokosmilch aufgießen. Knoblauchzehe zerdrücken, Chilischote und Zitronengras klein schneiden. Die Gewürze dazugeben und weich kochen. Mit dem Stabmixer pürieren und eventuell nachwürzen.

DUFT DER WEITEN WELT

» DER BESUCH DES JAPANISCHEN KAISERPAARS IN WIEN, BEI DEM ICH SIE IM HOTEL IMPERIAL BEKOCHEN DURFTE, WAR FÜR MICH ETWAS GANZ BESONDERES. ICH HATTE DIE IDEE UNSERE KÜRBISSUPPE ETWAS ABZUWANDELN. DARAUS WURDE EIN NEUES, EXOTISCHES GERICHT – UND EINE SCHÖNE ERINNERUNG. «

BÄRLAUCHCREME SUPPE

— — — — — — — 6 Portionen — — — — — — —

180 g Bärlauch
100 g fein geschnittene Schalotten
1 l Gemüsebrühe
62 ml Weißwein
120 g Erdäpfel
100 g Staudensellerie
Olivenöl
Salz, Pfeffer
125 ml Hafersahne

Schalotten in Olivenöl kurz anbraten. Staudensellerie schälen und klein schneiden, Erdäpfel würfeln und beides zu den Schalotten in die Pfanne geben. Mit Weißwein ablöschen und mit Gemüsebrühe aufgießen. Bärlauch kurz in kochendem Wasser blanchieren, kalt abschrecken und mit der Sellerie-Erdäpfel-Mischung pürieren. Hafersahne dazugeben und nochmals kurz aufkochen lassen. Mit Salz und Pfeffer abschmecken.

REGT DEN STOFFWECHSEL AN

CHAMPIGNONCREME SUPPE

— — — — — — — 4 Portionen — — — — — — —

1 Zwiebel
Olivenöl
200 g Champignons
2 EL Mehl
650 ml Gemüsebrühe
1 EL Zitronensaft
200 ml Hafersahne
Chili
Salz, Pfeffer

Zwiebel würfeln und in etwas Olivenöl glasig dünsten. Champignons in Scheiben schneiden und 2 Minuten mitbraten. Mit Mehl bestäuben und weitere 2 Minuten unter Rühren weiterbraten.
Mit Gemüsebrühe und Hafersahne ablöschen, Zitronensaft hinzufügen und 10 Minuten köcheln lassen. Etwas abkühlen lassen und pürieren. Anschließend gut abschmecken.

ERDÄPFEL-LAUCH SUPPE

4 Portionen

250 g mehlige Erdäpfel
200 g Lauch
2 EL Olivenöl
1 l Gemüsebrühe
Salz, Pfeffer
etwas Muskat
150 g Sojasahne
100 g Schnittlauch
100 g Zwiebel

Erdäpfel schälen und klein schneiden. Lauch in kleine Stücke schneiden. Zwiebel fein schneiden und mit etwas Olivenöl in einem Topf glacieren. Erdäpfel und Lauch beigeben, kurz durchrösten und mit Gemüsebrühe aufgießen. Mit Salz und Pfeffer würzen und 30 Minuten langsam köcheln lassen. Danach mit einem Stabmixer aufmixen und mit Sojasahne vollenden. Anrichten und mit geschnittenem Schnittlauch garnieren.

GRIESSNOCKERL SUPPE

12 Nockerl

20 g vegane Margarine
160 g Grieß
Petersilie
Salz, Pfeffer
Muskat
1-2 EL Kartoffelstärke
1 l Gemüsebrühe
200 ml Wasser

Wasser mit Margarine aufkochen lassen, von der Herdplatte nehmen und Grieß mit einem Schneebesen einrühren. Würzen und abkühlen lassen. Kartoffelstärke unterkneten. Teig 20 Minuten ruhen lassen.
Gemüsebrühe zum Kochen bringen. Aus dem Grießteig Nockerl formen und ins kochende Wasser geben. Bei mittlerer Hitze 15-20 Minuten ziehen lassen.

FRITTATEN SUPPE

4 Portionen

250 g Mehl
250 g Sojamilch
250 g sprudelndes Mineralwasser
Salz
2-3 EL Kräuter
1 l Gemüsebrühe
1 Bund Schnittlauch

Alle Zutaten gut mischen.
Etwas Öl in einer Pfanne erhitzen. 1 Schöpfer Teig in die Pfanne gießen und 2 Minuten braten lassen, wenden und weitere 2 Minuten braten. Die fertigen Palatschinken in dünne Streifen schneiden. Gemüsebrühe aufkochen und mit Frittaten servieren. Mit Schnittlauch garnieren.

» DIE FRITTATENSUPPE HAB ICH ERST SO RICHTIG IN WIEN KENNEN GELERNT. IN DER BUNDESHAUPTSTADT FEHLT SIE AUF KEINEM SPEISEPLAN. «

GAZPACHO MIT GERÖSTETEN CROUTONS

4 Portionen

GAZPACHO
2 Salatgurken
je 1 rote, grüne und gelbe Paprika
200 ml Tomatensaft
1 Knoblauchzehe
1 Zwiebel
400 g Tomaten
Salz, Pfeffer
4 EL Olivenöl

CROUTONS
150 g Weißbrot ohne Rinde

Salatgurken, Tomaten und Paprika schälen, entkernen und klein schneiden. Zwiebel fein hacken. Alle Zutaten in einen Mixer geben und gut aufmixen. Mit Salz und Pfeffer würzen. Fertige Gazpacho kalt stellen.

Entrindetes Weißbrot in etwas Wasser einlegen, danach fest ausdrücken. In einer Pfanne mit etwas Olivenöl braun rösten und Gazpacho damit garnieren.

KAROTTEN INGWER SUPPE

4 Portionen

300 g Karotten
200 ml Karottensaft
100 g Erdäpfel
Ingwer
Salz, Pfeffer
250 ml Sojasahne
1 l Gemüsebrühe
100 g Zwiebel
2 EL Olivenöl

Karotten und Erdäpfel schälen und klein schneiden. Zwiebel fein hacken und in Olivenöl in einem Topf glacieren. Erdäpfel und Karotten beigeben. Mit Gemüsefond und Karottensaft aufgießen und 30 Minuten langsam köcheln lassen.
Danach mit einem Mixer gut aufmixen und mit Sojasahne und etwas Ingwer vollenden. Falls notwendig, noch mit Salz und Pfeffer würzen.

ROTE RÜBEN SUPPE

4 Portionen

Sonnenblumenöl
1 Zwiebel
400 g rote Rüben
800 ml Gemüsebrühe
Salz, Pfeffer
Chilipulver
100 ml Reissahne
2 TL Agavensirup

Rote Rüben weichkochen und schälen.
Öl in einem großen Topf erhitzen. Zwiebel klein hacken, rote Rüben kleinwürfelig schneiden und 5 Minuten andünsten.
Mit Gemüsebrühe und Reissahne aufgießen. Fein pürieren. Mit Salz, Pfeffer, Chili und Agavensirup abschmecken.

SPARGELCREME SUPPE

6 Portionen

60 g vegane Margarine
60 g Zwiebel
400 g Spargel
60 g Mehl
1 ½ l Gemüsebrühe
300 g Sojasahne
Salz, Pfeffer

Zwiebeln und Spargel in Margarine kurz anbraten, mit etwas Mehl stauben und mit Gemüsebrühe angießen.
Sojasahne dazugeben und 30 Minuten kochen lassen.
Mit einem Stabmixer aufmixen, passieren und würzen.

SCHMECKT AUCH KALT

Siegfried
Executive Chef

HAUPTSPEISEN

GESUNDE SATTMACHER MIT GUTEM GEWISSEN

VON ÖSTERREICHISCHEN KLASSIKERN WIE DEM ERDÄPFELGULASCH ODER GESCHNETZELTES – VEGAN INTERPRETIERT – BIS HIN ZU KLASSISCHEN VEGETARISCHEN GERICHTEN, WIE BEISPIELSWEISE DIE GEMÜSE-NUDELPFANNE ODER EINER GEBACKENEN POLENTA MIT RATATOUILLE KULINARISCH VERFEINERT – FÜR JEDEN GESCHMACK IST ETWAS DABEI. UND DAS BESTE: ES IST GESUND UND LÄSST SICH REINEN GEWISSENS GENIESSEN.

BÄRLAUCHPESTO

2 Portionen

300 g Spiralnudeln

60 g Mandeln
25 g Pinienkerne
80 ml Olivenöl
120 g Bärlauch
2 EL Limettensaft
10 g Hefeflocken
Salz, Pfeffer

Nudeln in Salzwasser kochen und kurz in kaltem Wasser abschrecken.

Mandeln und Pinienkerne kurz in einer Pfanne ohne Öl anrösten. Mit Olivenöl, Bärlauch, Limettensaft und Hefeflocken pürieren. Mit Salz und Pfeffer würzen.
Pesto mit den Nudeln leicht vermengen. Ein paar Pinienkerne fein hacken und über die angerichteten Nudeln streuen.

BANDNUDELN MIT EIERSCHWAMMERLN

4 Portionen

600 g Bandnudeln

500 g Eierschwammerl
Basilikum
80 g Schnittlauch
1 Zitrone
Olivenöl
Salz, Pfeffer
100 g Zwiebel
250 ml Hafersahne
150 ml Gemüsesuppe oder Wasser

Nudeln in Salzwasser kochen und kurz in kaltem Wasser abschrecken.

Zwiebel fein schneiden und in etwas Olivenöl kurz anrösten. Eierschwammerl putzen, klein schneiden und ebenfalls scharf anbraten. (Das Öl muss heiß sein, sonst lassen die Pilze Wasser und fangen an zu kochen.) Pilze zu der Zwiebel geben und mit Gemüsesuppe aufgießen. Kurz aufkochen lassen und die Hafersahne beigeben.
Mit Salz und Pfeffer würzen und wenig Zitronensaft beigeben. Kurz aufwallen lassen und mit fein geschnittenem Basilikum und Schnittlauch vollenden.
Mit den Bandnudeln anrichten und mit Basilikum garnieren.

CHILI CON SOJA

— — — — — — — 4 Portionen — — — — — — —

100 g Sojagranulat
500 ml Gemüsebrühe
Olivenöl
1 Zwiebel
1 rote Paprika
2 große Tomaten
1 Karotte
4 EL Tomatenmark
1 Dose Kidneybohnen
100 g Mais
½ - 1 EL Sambal Oelek
2 TL Paprikapulver
Majoran
Oregano
Salz, Pfeffer

Sojagranulat mit 300 ml heißer Gemüsebrühe übergießen und 15 Minuten quellen lassen.
Zwiebel klein schneiden und in etwas Olivenöl anbraten. Paprika, Karotte und Tomaten klein schneiden und dazugeben. Sojagranulat und Tomatenmark beimengen. Mit restlicher Brühe aufgießen und 10 Minuten kochen lassen. Bohnen und Mais dazumischen. Würzen und 10-15 Minuten köcheln lassen.

» EIN GUTER WEG, UM BOHNEN EINZUBAUEN, DIE IN EINER AUSGEWOGENEN VEGANEN ERNÄHRUNG NICHT FEHLEN SOLLTEN. CHILI STEHT BEI MIR AUF DEM SPEISEPLAN, WENN MEINE FREUNDINNEN PLÖTZLICH HUNGER BEKOMMEN. BEI DER ZUBEREITUNG KANN MAN KAUM ETWAS FALSCH MACHEN. ES GEHT SCHNELL UND SCHMECKT ALLEN. «

Erdäpfelstrudel mit Kräutersauce

— — — — — — —4 Portionen — — — — — — —

STRUDEL
1 kg Erdäpfel
Salz, Pfeffer
Muskat
150 g Weißbrotwürfel
100 g Schnittlauch
200 g Räuchertofu
8 Strudelblätter
100 g vegane Margarine

SAUCE
100 g Zwiebel
3 EL Olivenöl
125 ml Weißwein
250 ml Gemüsesuppe
Salz, Pfeffer
250 g Hafersahne
100 g gemischte Kräuter
(Kerbel, Schnittlauch, Petersilie, Estragon)

Erdäpfel kochen, danach schälen und durch eine Erdäpfelpresse drücken. Mit Salz, Pfeffer und etwas Muskat würzen. Weißbrotwürfel und Schnittlauch fein schneiden und unterheben. Räuchertofu und Zwiebel würfelig schneiden und kurz in der Pfanne anrösten. Unter die Erdäpfelmasse geben. Strudelteigblätter zweilagig mit der Masse belegen und einrollen. Dann mit zerlassener Margarine bestreichen und im Rohr bei 180° ca. 40 Minuten backen. Der Strudel sollte eine goldgelbe Farbe haben.

Für die Sauce Zwiebel fein schneiden und in Olivenöl anrösten. Mit Weißwein ablöschen, mit Gemüsesuppe aufgießen und würzen. Etwas einköcheln lassen und mit Hafersahne vollenden. Vor dem Anrichten die frisch gehackten Kräuter beigeben.

Tipp: Zum Garnieren eignet sich auch frische Kresse.

ERDÄPFEL-PAPRIKA GULASCH

— — — — — — — 4 Portionen — — — — — — —

400 g Erdäpfel
100 g edelsüßes Paprikapulver
1 l Gemüsebrühe o. Wasser
Salz, Pfeffer
2 EL Tomatenmark
2 Lorbeerblätter
200 g Paprika
1 TL Majoran
100 g Zwiebel
80 g vegane Margarine
etwas Schnittlauch

Erdäpfel schälen und in kleine Stücke schneiden. Paprika entkernen und klein würfelig schneiden.
Zwiebel fein schneiden und in Margarine anschwitzen.
Paprika mit Paprikapulver und Tomatenmark dazugeben und mitrösten. Mit Gemüsebrühe aufgießen und Erdäpfel beigeben. 20 Minuten leicht köcheln lassen. Mit Salz, Pfeffer, Lorbeerblättern und Majoran würzen.
Mit Schnittlauch garnieren.

Tipp: Sollte das Erdäpfelgulasch zu dünn sein, kann man es mit etwas Weizenmehl und wenig Wasser eindicken.

ERDÄPFELRÖSTI MIT DILLSAUCE

— — — — — — — 4 Portionen — — — — — — —

1 kg Erdäpfel
150 g Zwiebel
etwas Muskat
100 g vegane Margarine
Salz, Pfeffer

Erdäpfel kochen, schälen und kalt stellen. Danach mit einer Röstireibe raspeln.
Zwiebel fein schneiden und in Margarine kurz anschwitzen. Erdäpfel beigeben und goldbraun rösten. Mit Salz, Pfeffer und Muskat würzen. Zu einer kleinen Torte formen und bereitstellen.

SAUCE
100 g frische Dille, fein gehackt
125 ml Gemüsesuppe
125 ml Sojasahne
Salz, Pfeffer
1 TL Essig
100 g Zwiebel
Olivenöl

Für die Sauce die Zwiebel klein schneiden und kurz in Olivenöl anrösten. Mit Gemüsesuppe aufgießen und Sojasahne beigeben. Kurz köcheln lassen und mit Salz und Pfeffer würzen.
Vor dem Anrichten den Essig und die Dille beigeben.
Nun aus der Erdäpfeltorte Stücke schneiden und mit der Dillsauce anrichten.

FASCHIERTE LAIBCHEN MIT SCHNITTLAUCHPÜREE

6 Stück

FASCHIERTE LAIBCHEN
60 g altbackene Semmeln
100 ml starke Gemüsebrühe
1 Zwiebel
2 EL Stärke
250 g Seitan-Faschiertes
(z.B. von Hiel oder VBites)
2 EL Semmelbrösel
1 TL Majoran
1 TL Thymian
½ Bund Petersilie
Salz, Pfeffer

SCHNITTLAUCHPÜREE
250 g mehlige Erdäpfel
250 ml Sojamilch
2 EL vegane Margarine
Salz, Pfeffer
Muskatnuss
50 g Schnittlauch

Semmeln klein schneiden und in der Brühe einweichen. Zwiebel klein schneiden und goldgelb in Öl anrösten. Alle Zutaten gut mischen. Laibchen formen und in etwas Öl 5 Minuten braten, wenden und nochmals 5 Minuten braten.

Erdäpfel kochen, schälen und passieren. Margarine und Sojamilch beifügen und gut verrühren. Schnittlauch fein schneiden und mit den Gewürzen unterrühren.

» FASCHIERTE LAIBCHEN MIT KARTOFFELPÜREE GAB ES FRÜHER IMMER VON OMA. SCHÖN, DASS ICH AUCH ALS VEGANERIN NICHT DARAUF VERZICHTEN MUSS. «

Fleischknödel mit Weisskraut

— — — — — — — 4 Portionen — — — — — — —

KNÖDELTEIG
1 kg Erdäpfel
100 g Weizengrieß
100 g Kartoffelstärke
Salz

FÜLLUNG
1 Zwiebel
2 TL brauner Zucker
Olivenöl
400 g Räuchertofu
3 EL Petersilie
Salz, Pfeffer

WEISSKRAUT
1 Zwiebel
2 EL brauner Zucker
Sonnenblumenöl
500 g Weißkraut
125 ml Gemüsebrühe
Salz, Pfeffer

etwas Schnittlauch

Erdäpfel kochen, schälen und pressen. Mit Grieß, Stärke und Salz zu einem Teig verkneten. Etwas rasten lassen.

Zwiebel fein hacken und mit Zucker in etwas Olivenöl anrösten. Tofu ausdrücken, zerbröseln und mitrösten. Würzen und etwas abkühlen lassen.
Dann aus dem Knödelteig eine Rolle formen und diese in 6-8 gleich große Stücke teilen. Die Teigstücke flachdrücken und jeweils 1 EL Füllung daraufsetzen. Den Teig gut über der Füllung zusammendrücken und Knödel formen. Die Knödel in kochendem Salzwasser 15-20 Minuten kochen lassen.

Zwiebel grob hacken und mit Zucker in etwas Öl anrösten. Das Weißkraut dazugeben und rösten lassen, bis keine Flüssigkeit mehr vorhanden ist. Mit Gemüsebrühe aufgießen. Salz und Pfeffer dazugeben und noch etwas köcheln lassen.

Knödel auf dem Weißkraut anrichten und mit frischem Schnittlauch garnieren.

Gefüllte Teigtaschen mit Frischkäse und Kräutern

— — — — — — — 12 Stück — — — — — — —

TEIG
150 g Hartweizengrieß
25 g Weizenmehl
Salz
eine Prise Kurkuma
(für die gewohnte Farbe)
2 TL Olivenöl
ca. 85 ml Wasser

FÜLLUNG
140 g veganer Frischkäse
(z.B. von Vegavita, Tofutti
oder Soyana)
40 g kleingehackte Kräuter
(Schnittlauch, Petersilie,
Thymian)
Kräutersalz, Pfeffer
1 TL Olivenöl
1 EL Hefeflocken

Für den Teig Grieß, Mehl, Salz und Kurkuma mischen. Öl mit Wasser aufgießen. Einige Minuten mit den Händen kneten. Teig 1 Stunde im Kühlschrank quellen lassen.

Für die Füllung alle Zutaten cremig vermengen.

Teig nochmals gut durchkneten und auf einer bemehlten Fläche ausrollen. 12 Kreise ausschneiden (mit einem Glas oder Keksausstecher), jeweils 1 EL Füllung draufsetzen, Teigstücke zuklappen und die Ränder gut festdrücken. Die Teigtaschen in kochendes Salzwasser geben und ca. 7 Minuten kochen. Ab und zu umrühren.

Die gefüllten Teigtaschen je nach Geschmack mit Sauce und frischem Schnittlauch anrichten.

GEBACKENE POLENTA AUF RATATOUILLE GEMÜSE

4 Portionen

Für eine 25x25 cm große Form

GEBACKENE POLENTA

1 l Gemüsebrühe
25 g vegane Margarine
4 EL Hefeflocken
300 g Polenta
Salz, Pfeffer
Muskat
1-2 TL getrockneter Salbei
1-2 TL getrockneter Oregano

RATATOUILLE

4 Tomaten
1 Zucchini
1 Zwiebel
1 Melanzani
2 rote Paprikaschoten
2 gelbe Paprikaschoten
1 Knoblauchzehe
1 EL Tomatenmark
Thymian
Oregano
Salz, Pfeffer
Olivenöl
125 ml Gemüsebrühe

Gemüsebrühe, Margarine und Hefeflocken aufkochen. Polenta mit einem Schneebesen einrühren und noch einmal aufkochen lassen. Von der Herdplatte nehmen und 15 Minuten quellen lassen. Dabei öfter umrühren, damit nichts anbrennt. Gewürze und Kräuter unterrühren.
Masse in die eingefettete Form füllen und bei 180° 30 Minuten backen.

Für das Ratatouillegemüse Zwiebel und Knoblauch in Olivenöl anbraten. Zucchini, Melanzani, Paprika und Zwiebel in kleine Würfel schneiden und dazugeben. Fleischtomaten kleinschneiden und beigeben. Tomatenmark einrühren. Mit Thymian, Oregano, Salz und Pfeffer würzen. Mit Gemüsebrühe aufgießen und 10 Minuten köcheln lassen.

VEGANER HINGUCKER

GEFÜLLTE BLÄTTERTEIGSCHNECKEN MIT KRÄUTERSAUCE

2 Portionen

PESTO FÜLLUNG
25 g Pinienkerne
25 Mandeln
50 g Basilikum
70 ml Olivenöl
Salz

200 g Strudelteig
40 g Mais
½ gelber Paprika

KRÄUTERSAUCE
200 g Soja-Naturjoghurt
1 Knoblauchzehe
2 EL Petersilie
Salz, Pfeffer

Mandeln und Pinienkerne ohne Fett kurz in einer Pfanne anrösten. Mit restlichen Zutaten fein pürieren.

Strudelteig ausrollen. Mit Pesto bestreichen und mit Mais und klein geschnittenem Paprika belegen. Aufrollen und zu 1 cm dicken Schnecken schneiden. Schnecken auf ein Backpapier legen und 10 Minuten backen.

Für die Kräutersauce alle Zutaten mischen. Blätterteigschnecken mit der Sauce anrichten.

» EINE SEHR GUTE FREUNDIN BRINGT ZU UNSEREN „MÄDELSABENDEN" IMMER BLÄTTERTEIGSCHNECKEN MIT RÄUCHERTOFU MIT. SIE HAT MICH ZU DIESER GEMÜSEVARIANTE INSPIRIERT. «

GEMÜSE-NUDELPFANNE AUS DEM WOK

4 Portionen

600 g Reisnudeln
150 g Zwiebel
100 g Jungzwiebel
100 g Sojasprossen
100 g Karotten
100 g gelbe Rüben
150 g Erbsenschoten
30 g Ingwer
150 g Stangensellerie
2 Chilischoten
etwas Sweet Chili Sauce
Süße Sojasauce
Salz, Pfeffer

Reisnudeln kurz in Salzwasser kochen und in kaltem Wasser abschrecken.
Zwiebel, Karotten und gelbe Rüben schälen und in feine Streifen schneiden. Erbsenschoten halbieren, Stangensellerie schälen und in Scheiben schneiden.
In einer Wokpfanne das Gemüse mit Zwiebel in Olivenöl e scharf anbraten. Mit Salz und Pfeffer würzen. Nudeln beigeben. Chilischoten und Ingwer schälen, fein hacken und unter die Nudeln heben. Mit Sweet Chili Sauce und Sojasauce und würzen. Zuletzt die Sojasprossen dazugeben, nochmals kurz schwenken und anrichten.

» ICH LIEBE NUDELGERICHTE UND AUCH DAS KOCHEN MIT ASIATISCHEN GEWÜRZEN. NUDELN JE NACH GESCHMACK GEWÜRZT ODER MIT HEIMISCHEN KRÄUTERN VERFEINERT, ERGEBEN EIN SCHNELLES UND GÜNSTIGES GERICHT. «

GESCHNETZELTES IN CHAMPIGNONSAUCE MIT KRÄUTER-COUSCOUS

4 Portionen

CHAMPIGNONSAUCE
500 g Sojaschnetzel
2 Zwiebeln
500 g Champignons
300 ml Sojasahne
125 ml Weißwein
125 ml Gemüsesuppe
1 Bund Petersilie
Salz, Pfeffer
4 El Olivenöl

KRÄUTER-COUSCOUS
250 g Couscous
30 g Kräuter
350 ml Gemüsebrühe

Schnetzel mit heißer Gemüsebrühe übergießen, 10 Minuten einweichen lassen und dann gut ausdrücken. Zwiebel fein schneiden und in Olivenöl kurz anbraten. Geschnittene Champignons beigeben und kurz durchrösten lassen. Nun mit Weißwein ablöschen und mit Gemüsesuppe aufgießen. Etwas einkochen lassen. Mit Sojasahne vollenden und mit Salz und Pfeffer würzen.
Die Schnetzel in einer Pfanne mit Olivenöl scharf anbraten und zur Sauce geben. Vor dem Anrichten mit gehackter Petersilie vollenden.

Gemüsebrühe zum Kochen bringen. Couscous hinzugeben und umrühren. Einmal kurz aufkochen lassen und anschließend von der Herdplatte nehmen. Nun die Kräuter beigeben und den Couscous auflockern. Zugedeckt 5 Minuten ziehen lassen.

» DIESES GERICHT STAMMT URSPRÜNGLICH AUS DER SCHWEIZ. IN MEINER LEHRZEIT EIN UNVERZICHTBARES GERICHT. STATT REIS VERWENDEN WIR HIER COUSCOUS, EIN GETREIDEPRODUKT AUS WEIZEN. «

KÄSESPÄTZLE

4 Portionen

600 g glattes Mehl
Salz
200 g veganer Käse
150 g Zwiebel
100 g vegane Margarine
1 Bd. Schnittlauch

Zwiebel in feine Ringe schneiden und mit Margarine in einer Pfanne goldbraun rösten.
Mehl mit Wasser zu einem glatten Teig verrühren, mit Salz würzen und durch ein Spätzlesieb in kochendes Wasser streifen. Spätzle aus dem Wasser nehmen. Nun die Spätzle mit geriebenem Käse schichtweise in einem tiefen Geschirr anrichten. Mit der gerösteten Zwiebel und Schnittlauch garnieren.

Als Beilage wir traditionell grüner Salat gerreicht.

» VIELE MENSCHEN KÖNNEN SICH NICHT VORSTELLEN, REIN PFLANZLICH ZU ESSEN, WEIL SIE NICHT AUF KÄSE VERZICHTEN WOLLEN. WIR KÖNNEN DAS NICHT NACHVOLLZIEHEN – AM SONNTAG GIBT'S BEI UNS SELBSTGEMACHTE SPÄTZLE MIT VEGANEM KÄSE. «

KRAUTFLECKERL

4 Portionen

Rapsöl
3 Zwiebel
2 EL Agavensirup
1 Krautkopf
Salz, Pfeffer
200 ml Gemüsebrühe
500 g gekochte Nudeln ohne Ei

Zwiebel klein schneiden und in Rapsöl anbraten. Agavensirup dazugießen und leicht karamellisieren lassen. Kraut fein schneiden und dazugeben. Mit Salz und Pfeffer würzen. Gemüsebrühe beigeben und 10 Minuten bissfest dünsten. Fertiges Kraut unter die gekochten Nudeln mischen.

» ALS MEINE LIEBE NACHBARIN ERFUHR, DASS ICH MICH VEGAN ERNÄHRE, HAT SIE MICH ÖFTER AUF KRAUTFLECKERL EINGELADEN. ICH FAND DIESE SO LECKER, DASS ICH SIE UM DAS REZEPT GEBETEN HABE. DIESE VARIANTE WIRD AUCH NICHT-VEGANER_INNEN SCHMECKEN. GARANTIERT! «

KICHERERBSEN CURRY MIT WILDREIS

— — — — — — — 4 Portionen — — — — — — —

250 g Kichererbsen
2 Zwiebeln
Olivenöl
1 l Gemüsebrühe
500 ml Kokosmilch
350 g Karotten
350 g Zucchini
3 Tomaten
2 EL Curry
1 TL Chili
1 TL Ingwerpulver
2 TL Knoblauchpulver
1 EL Zitronensaft
Salz, Pfeffer
120 g Cashewkerne
200 g Wildreis
500 ml Wasser

Kichererbsen über Nacht in Wasser einweichen. Zwiebeln würfeln und in Olivenöl anbraten. Kichererbsen dazugeben. Mit Gemüsebrühe und Kokosmilch aufgießen. Zugedeckt 1 Stunde kochen.
Karotten, Zucchini und Tomaten kleinschneiden und zufügen. Mit Salz, Pfeffer, Zitronensaft, Curry, Chilli, Ingwer- und Knoblauchpulver würzen. Zugedeckt weitere 10-15 Minuten kochen. Cashewkerne in einer Pfanne ohne Fett kurz anrösten. Unter das Curry rühren. Wildreis kochen und zu dem Curry servieren.

» EINE LECKERE HÜLSENFRÜCHTE-ALTERNATIVE FÜR LEUTE, DIE NICHT GERNE BOHNEN ESSEN. SIE HABEN VIEL WICHTIGE NÄHRSTOFFE, SÄTTIGEN UND SCHMECKEN GEKOCHT LEICHT CREMIG. «

KÜRBIS IN KOKOS-SAFRAN-SAUCE MIT BASMATIREIS

2 Portionen

1 kleiner Kürbis
Olivenöl
1 rote Paprika
3 Karotten
1 Stange Lauch
2 EL Kokosraspeln
1 TL Paprikapulver
2 TL Curry
eine Prise Muskat
0,2 g Safran
Chili
Salz, Pfeffer
400 ml Kokosmilch
2 EL Zitronensaft
300 g Basmatireis
etwas frische Petersilie

Kürbis und Karotten würfeln und in etwas Olivenöl 10-15 Minuten dünsten. Paprika und Lauch kleinschneiden und mitdünsten. Nach ein paar Minuten die Kokosraspeln und Gewürze dazugeben. Mit Kokosmilch und Zitronensaft aufgießen und köcheln, bis das Gemüse gut durch ist.
Basmatireis mit kaltem Wasser waschen und mit doppelter Menge Wasser kochen.
Fertigen Reis in eine Tasse füllen, etwas andrücken und auf einen Teller stürzen. Die Kürbissoße darüber anrichten und mit frischer Petersilie garnieren.

IDEAL FÜR DEN HERBST

MANGOLD RISOTTO

4 Portionen

100 g Zwiebel
125 ml Weißwein
2 EL Olivenöl
250 g Risottoreis
Salz, Pfeffer
1 l Gemüsebrühe
200 g junge Mangoldblätter
40 g gehackte Petersilie

Zwiebel fein schneiden und in Olivenöl in einem Topf glacieren. Risottoreis dazugeben und mit Weißwein ablöschen. Nach und nach mit Gemüsebrühe aufgießen. Der Reis sollte immer nur knapp mit Flüssigkeit bedeckt sein. Ständig rühren. Nach ca. 25 Minuten sollte der Reis fertig sein. Er muss noch leicht bissfest sein. Mangoldblätter waschen und gut abtropfen lassen. In etwas Öl kurz anschwenken und unter das Risotto geben. Mit Petersilie garnieren.

PERFEKT IM FRÜHLING

» MANGOLD WIRD AUS DEM HAUSEIGENEN GARTEN GEPFLÜCKT UND VERKOCHT. MANGOLD MAG WINDGESCHÜTZTE PLÄTZE IM HALBSCHATTEN. «

OLIVEN-GNOCCHI MIT KÜRBIS-TOMATENRAGOUT

4 Portionen

GNOCCHI
1 kg mehlige Erdäpfel
100 g griffiges Mehl
150 g schwarze Oliven
Salz, Pfeffer
Muskat

RAGOUT
250 g Kürbissfleisch
250 g entkernte Tomatenwürfel
100 g Zwiebel
1 EL Tomatenpüree
etwas Weißwein
125 ml Gemüsesuppe
Basilikum

Für die Gnocchi die Erdäpfel mit der Schale kochen, danach schälen und durch eine Erdäpfelpresse drücken. Mit Salz, Pfeffer und etwas Muskat würzen und fein geschnittene Oliven untermengen. Mit griffigem Mehl den Teig festigen. Nun kleine Gnocchi formen und in Salzwasser kurz köcheln lassen. Aus dem Wasser nehmen und bereitstellen.

Für das Ragout Zwiebel in etwas Olivenöl anrösten und kleingeschnittene Kürbisswürfel dazugeben. Tomatenpüree hinzufügen, gut durchrösten und etwas Farbe nehmen lassen. Tomatenwürfel beigeben, mit Weißwein ablöschen und mit Gemüsesuppe aufgießen. Alles köcheln lassen, bis der Kürbis weich ist.
Mit Salz und Pfeffer würzen und mit etwas geschnittenem Basilikum vollenden.
Die Gnocchi in Margarine schwenken und mit dem Ragout anrichten.

WECKT URLAUBS-GEFÜHLE

PENNE MIT ARTISCHOCKEN

2 Portionen

600 g Penne
4 große Artischocken
Basilikum
80 g Kerbel
1 Zitrone
125 ml Olivenöl
Salz, Pfeffer
100 g Zwiebel

Nudeln in Salzwasser kochen und kurz in kaltem Wasser abschrecken.
Artischocken und Zwiebel klein schneiden und im Olivenöl scharf anbraten. Die Artischocken sollen leicht bissfest bleiben.
Etwas Flüssigkeit dazugießen und das Gemüse einige Minuten schmoren lassen.
Mit Salz, Pfeffer und Zitronensaft mischen. Die Penne unterheben. Mit Basilikum und Kerbel vollenden.

PIZZA DIAVOLO MIT PAPRIKA, CHILI UND KAPERN

4 Portionen

PIZZATEIG
400 g Mehl
eine Prise Salz
30 g Hefe
250 ml lauwarmes Wasser
3 EL Olivenöl

400 g Tomatenwürfel
200 ml Tomatenragout
Salz, Pfeffer
Majoran
200 g frische Tomaten in Scheiben geschnitten
200 g Kapernbeeren
4 entkernte und geschnittene Chilischoten
100 g frischer Rucola
300 g veganer geriebener Käse (z.B. von Vegourmet oder Wilmersburger)

Alle Zutaten zu einem Teig verkneten und diesen abgedeckt 15 Minuten gehen lassen. Dann vier gleich große Kugeln formen und nochmals kurz gehen lassen.

Tomatenwürfel und Tomatenragout einkochen lassen und mit Salz, Pfeffer und Majoran würzen. Nun den Teig ausrollen und mit der Tomatenpaste bestreichen. Mit Tomatenscheiben, Kapernbeeren und Chilischoten belegen. Mit veganem Käse bestreuen und bei 200° ca. 8 Minuten backen. Danach mit Rucola belegen und servieren.

» WER ISST NICHT GERNE PIZZA?! WENN DIE MARGARITA ZU LANGWEILIG WIRD, KANN MAN ES MIT DIESER VARIANTE VERSUCHEN. «

ROTE RÜBEN LASAGNE

— — — — — — — 4 Portionen — — — — — — —

FÜLLUNG
1 Zwiebel
Olivenöl
2 große Karotten
60 g Champignons
300 g vorgekochte rote Rüben
60 ml Reissahne
1 EL Agavensirup
Oregano
Salz, Pfeffer

BECHAMEL SAUCE
2 EL vegane Margarine
3 EL Mehl
350 ml Sojamilch
Muskat
Salz, Pfeffer

250 g Lasagneblätter
Olivenöl
3 EL Hefeflocken

Zwiebel fein hacken und in etwas Olivenöl anrösten. Karotten und Champignons sehr klein würfeln und dazugeben. Die vorgekochten roten Rüben schälen, klein würfeln und ebenfalls in die Pfanne geben. 5 Minuten anbraten, dann mit Reissahne aufgießen. Agavensirup und Gewürze dazugeben und weitere 5 Minuten köcheln lassen.

Margarine in einem Topf zerlassen, dann Mehl mit einem Schneebesen einrühren. Unter Rühren mit Sojamilch ablöschen. Kurz aufkochen lassen, dabei ständig rühren. Die Sauce sollte dickflüssig, aber trotzdem streichfähig sein.

Ofen auf 160° vorheizen. Eine Form mit etwas Olivenöl einstreichen und mit den Lasagneblättern auslegen. Die Hälfte der Füllung darauf verteilen. Eine weitere Lasagneblätter-Schicht darüberlegen und den Rest der Füllung darauf verteilen. Noch eine Schicht Lasagneblätter darauflegen. Die Bechamel Sauce darüber verteilen und großzügig mit den Hefeflocken bestreuen. 40 Minuten backen.

EIN FARBENFROHES GERICHT

SOMENNUDELN MIT KRÄUTERSAITLINGEN UND KORIANDER

4 Portionen

400 g Somennudeln
300 g Kräutersaitlinge
100 g Zwiebel
etwas frischer Ingwer
4 EL Sojasauce
125 ml Gemüsesuppe
150 g Stangensellerie
frischer Koriander
2 EL Olivenöl
Salz, Pfeffer
etwas Chili

Somennudeln in Salzwasser ca. 4 Minuten kochen lassen und kalt abschrecken.
Fein geschnittene Zwiebel in Olivenöl anrösten. Pilze blättrig schneiden und dazugeben. Gut durchrösten lassen.
Fein geschnittenen Stangensellerie dazugeben und mit Sojasauce und Suppe aufgießen. Mit Salz und Pfeffer würzen. Zum Schluss die Nudeln beigeben und mit etwas Chili und geriebenem Ingwer vollenden.

» AN SCHÖNEN SOMMERTAGEN KOMBINIEREN WIR FAMILIÄRE AUSFLÜGE IN DEN WALD MIT DER SUCHE NACH FRISCHEN PILZEN, WIE EIERSCHWAMMERL, STEINPILZE ODER MORCHELN. KRÄUTERSAITLINGE ALLERDINGS WERDEN SPEZIELL GEZÜCHTET UND SIND EINE GUTE ALTERNATIVE FÜR HERKÖMMLICHE PILZE «

SEMMELKNÖDEL MIT SPECK-LINSEN

— — — — — — — 2 Portionen — — — — — — —

SEMMELKNÖDEL
150 g altbackene Semmeln
Sonnenblumenöl
1 Zwiebel
130 ml Sojamilch
10 g Petersilie
1 ½ EL Sojamehl
Salz, Pfeffer
1 ½ l Wasser

LINSEN
1 Dose Linsen
200 g Gemüsebrühe
2 TL Essig
150 g stark geräucherter Tofu
Olivenöl

etwas Schnittlauch

Für die Knödel die Semmeln würfelig schneiden. Sojamilch etwas erwärmen und über die Semmelwürfel gießen. 2 Minuten stehen lassen. Zwiebel klein schneiden und in etwas Öl anbraten. Petersilie fein hacken. Alle Zutaten zu einem Teig vermengen. 1 Stunde ruhen lassen.
Wasser mit Salz zum Kochen bringen. Knödel formen und auf mittlerer Stufe 12-15 Minuten darin ziehen lassen.

Für die Specklinsen den Räuchertofu sehr klein würfeln und mit etwas Olivenöl bei 200° 15-20 Minuten im Backofen knusprig backen. Zwischendurch wenden. Linsen gut abtropfen und mit Gemüsebrühe und Essig aufkochen. Die fertigen Tofuwürfel dazugeben. Mit frischem Schnittlauch garnieren.

» IN TIROL KOMMEN KNÖDEL TRADITIONELL AUF DEN SONNTAGSTISCH. «

SPAGHETTI MIT GEMÜSEBOLOGNESE

— — — — — — — — 4 Portionen — — — — — — — —

600 g Spaghetti
200 g Karotten
200 g gelbe Rüben
100 g Zwiebel
150 g Zucchini
Salz
Pfeffer
Thymian
150 g Tomatenwürfel
3 EL Tomatenpaste
1 EL Paprikapulver
250 g Tomatensaft
3 EL Olivenöl

Karotten, gelbe Rüben und Zwiebel schälen und kleinwürfelig schneiden. Zucchini ebenfalls kleinwürfelig schneiden.
Zwiebel in Olivenöl in einem Topf anrösten, restliches Gemüse beigeben und mit Tomatenpaste durchrösten. Paprikapulver beigeben und mit dem Tomatensaft aufgießen. Mit Salz, Pfeffer und Thymian würzen. Kurz köcheln lassen. Das Gemüse muss leichten Biss haben. Nun Tomatenwürfel beigeben und nochmals kurz aufkochen lassen.
Spaghetti in Salzwasser kochen und mit der Gemüsebolognese anrichten.

» SPAGHETTI BEKAMEN WIR ALS KINDER RECHT OFT SERVIERT. WIR WAREN EINE GROSSE FAMILIE – ZEIT ZUM KOCHEN BLIEB DA WENIG. ABER SPAGHETTI HABEN MIR IMMER SCHON GESCHMECKT. HEUTE SOGAR NOCH MEHR IN DER FLEISCHLOSEN VARIANTE. «

TOFU BURGER

4 Portionen

BURGER
400 g Tofu
100 g Zwiebel
100 g Jungzwiebel
1 rote Paprika
1 grüne Paprika
100 g Karotten
100 g Sojasprossen
3 EL Maisstärke
100 g Brösel
40 g fein gehackte Petersilie

Salatblätter
2 EL Senf
2 EL Sojasahne
Salz, Pfeffer

2 Tomaten
4 Burgerbrötchen

Für den Burger den Tofu zerbröseln, Zwiebel fein schneiden, Paprika klein würfeln, Karotten reiben. Alle Zutaten vermengen und kleine Laibchen formen. In Olivenöl goldgelb backen.

Salatblätter waschen, gut abtropfen lassen und grob in Streifen schneiden. Mit Senf, Sojasahne, Salz und Pfeffer vermengen.

Burgerbrötchen mit Salat, Laibchen und in Scheiben geschnittenen Tomaten füllen.

TOFU-SPIESSCHEN

— — — — — — — 4 Portionen — — — — — — —

2 gelbe und grüne Zucchini
250 g Räuchertofu
Salz, Pfeffer
Thymian
Zitronensaft
1 Chilischote
Sojasauce

Zucchini und Tofu in kleine Würfel schneiden. Mit Salz, Pfeffer, Thymian, fein gehackte Chilischote, Zitronensaft und etwas Sojasauce marinieren. Eine halbe Stunde ziehen lassen.
Nun abwechselnd Tofu und Zucchini auf kleine Spieße stecken. In der Pfanne in etwas Olivenöl goldbraun braten oder auf dem Grill zubereiten.

Tipp: Erdnusssauce passt hervorragend zu den Spießchen.

» AUCH IN DER VEGANEN KÜCHE MUSS MAN NICHT AUF DAS GRILLEN VERZICHTEN. WELCHE GEMÜSESORTEN KOMBINIERT WERDEN, RICHTEN SICH GANZ NACH IHREM IDEENREICHTUM UND GESCHMACK. GUTE SAUCEN RUNDEN DIESES GERICHT NOCH AB. «

WIENER SCHNITZERL

3 Stück

250 g Seitan
Salz, Pfeffer

PANADE
2 gehäufte EL Mehl
4 gehäufte EL Hefeflocken
Muskat
Salz, Pfeffer
90 g Semmelbrösel
Sonnenblumenöl
50 ml Wasser

Seitan ausdrücken, in 3 Scheiben schneiden und würzen.

In einem tiefen Teller Mehl mit Hefeflocken mischen. Wasser dazurühren, sodass eine dickflüssige Masse entsteht. Gut mit Muskat, Salz und Pfeffer würzen. Die Semmelbrösel in einen zweiten tiefen Teller geben. In einer Pfanne genügend Sonnenblumenöl erhitzen. Die Seitanfilets zuerst durch die Mehlmasse ziehen, dann in den Semmelbröseln wenden. Die Schnitzel in das heiße Öl legen und von jeder Seite 5 Minuten goldbraun braten.

» DA WIR GERNE SCHNITZEL MÖGEN, ABER WEDER MEINE FRAU NOCH MEINE TOCHTER FLEISCH ESSEN, HABE ICH MIR EINE NEUE ART DER ZUBEREITUNG ÜBERLEGT UND GEMEINSAM MIT SEITAN EXPERIMENTIERT. DARAUS IST DIESES SCHMACKHAFTE VEGANE SCHNITZEL ENTSTANDEN. «

ZUCCHINI SPINAT QUICHE

4 Portionen

Für eine Form mit 25 cm Durchmesser

TEIG
240 g Mehl
120 g vegane Margarine
1 TL Salz
50 ml Wasser

FÜLLUNG
400 ml veganer Sauerrahm (z.B. von Joya oder Soyananda)
2 TL Maisstärke
Petersilie
Salz, Pfeffer
Muskat
Olivenöl
1 Stange Lauch
1 Zwiebel
200 g TK-Spinat
200 g Zucchini
200 ml Gemüsebrühe

Für den Teig alle Zutaten mit Wasser zu einem Teig verkneten. In Frischhaltefolie wickeln und 1 Stunde im Kühlschrank ruhen lassen.
Den Teig gleichmäßig ausrollen und in die gut eingefettete Form drücken. Den Teigboden ein paar Mal mit einer Gabel einstechen.

Für die Füllung den Sauerrahm mit Maisstärke, kleingeschnittener Petersilie und Gewürzen verrühren. Lauch und Zwiebel kleinschneiden und in Öl anbraten. Zucchini und Spinat kleinschneiden und kurz mitbraten. Mit Gemüsebrühe aufkochen. Gemüse zum Rahm mischen und gleichmäßig auf dem Teigboden verteilen. Bei 180°C ca. 15-20 Minuten backen.

> ALTERNATIV BÄRLAUCH VERWENDEN

ZWIEBEL HOT-DOG

4 Portionen

4 vegane Würstchen
150 g Sauerkraut
etwas süßer Senf
etwas Ketchup
2 Senfgurken
4 Hot Dog Brötchen (ohne Milch)
1 kleine Zwiebel

Würstchen in Wasser erhitzen. Brötchen halbieren mit etwas Sauerkraut belegen. Würstchen daraufgeben und mit Senfgurken und kleingehacktem Zwiebel belegen. Je nach Geschmack mit Senf und Ketchup bestreichen.

» DEN KLASSISCHEN HOT DOG KENNEN WIR ALLE. DIE VEGETARISCHE VARIANTE MUSS MAN PROBIERT HABEN. AUCH WENN FAST FOOD NICHT TÄGLICH AUF DEM SPEISEPLAN STEHEN SOLLTE, DARF MAN AUCH AB UND ZU AUF EIN FERTIGPRODUKT ZURÜCKGREIFEN. EINFACH ZUBEREITET, EINFACH LECKER! «

SÜSSES

DAS BESTE ZUM SCHLUSS

LASSEN SIE SICH DAS EINMAL AUF DER ZUNGE ZERGEHEN. MARZIPAN-KIRSCH-STREUSELKUCHEN, BUCHTELN MIT VANILLESAUCE, MOHNNUDELN MIT APFELKOMPOTT, SCHOKOLADEMOUSSE... AUCH VEGAN EINE ECHTE GESCHMACKSEXPLOSION.

AHORN-BANANEN EIS MIT KARAMELLISIERTEN PEKANNÜSSEN

– – – – – – – – 2 Portionen – – – – – – – –

EIS
2 große Bananen
5 EL Ahornsirup
1 TL Vanillezucker
2 EL Mandel- oder Cashew-Mus

KARAMELLISIERTE NÜSSE
100 g Pekannüsse
2 EL Agavensirup
1 EL Zucker

Für das Eis die Bananen in Stücke schneiden und ca. 4 Stunden einfrieren. Anschließend mit dem Pürierstab cremig pürieren. Dann Ahornsirup, Nussmus und Vanillezucker dazumischen.

Für die karamellisierten Nüsse den Ofen auf 170° vorheizen. Zutaten mischen und auf einem Backpapier verteilen. 10-15 Minuten goldbraun backen. Auskühlen lassen, in Stücke brechen und unter das Eis mischen.

» VEGANES EIS MUSS NICHT IMMER AUF SOJABASIS ODER MIT RAFFINIERTEM ZUCKER SEIN. ALS ICH DIESES REZEPT ZUM ERSTEN MAL AUSPROBIERT HABE, KONNTE ICH SELBER NICHT GLAUBEN, WIE CREMIG UND EINFACH SELBSTGEMACHTES EIS SEIN KANN. WER ES DOCH ETWAS RAFFINIERTER MAG, MISCHT SICH DIE SÜSSEN NÜSSE UNTER! «

APFEL-HAFER COOKIES

26 Stück

180 g Mehl
90 g Haferflocken
1 TL Backpulver
2 TL Zitronenschale
1 TL Ingwerpulver
1 TL Zimt
225 g brauner Zucker
100 g vegane Margarine
110 g Apfelmus
100 g Agavensirup
1 gewürfelter Apfel
60 g Rosinen

Mehl, Haferflocken, Backpulver, Zitronenschale, Ingwer und Zimt mischen. Zucker mit Margarine schaumig rühren. Apfelmus und Agavensirup dazumixen. Mehlmischung, Apfel und Rosinen dazumischen. Teig 10 Minuten rasten lassen.

Ofen auf 180° vorheizen. Esslöffel-große Teigbällchen mit größerem Abstand (gehen auf!) auf ein Backpapier setzen und diese leicht flachdrücken. 20-25 Minuten backen.

GUT ZUM AUFBEWAHREN

BUCHTELN MIT VANILLESAUCE

8 Stück

BUCHTELN
500 g Mehl
1 Pkg. Trockengerm
70 g Zucker
50 g vegane Margarine
Marillenmarmelade
200 ml warmes Wasser

VANILLESAUCE
500 ml Soja-Vanillemilch
3 EL Maisstärke
2 EL Zucker

etwas Staubzucker
100 g Beeren
frische Minzblätter

Mehl, Trockengerm und Zucker mischen. Margarine schmelzen und mit warmen Wasser zur Mehlmischung geben. Zu einem kompakten Teig verkneten. Teig an einem warmen Ort zugedeckt gehen lassen. Nach 1 Stunde nochmals durchkneten und in 8 gleiche Stücke teilen. Die Stücke zu Kugeln formen, etwas flachdrücken und jeweils 1-2 TL Marillenmarmelade hineingeben. Gut verschließen, zu Kugeln rollen und in eine eingefettete Form setzen. Nochmals 30 Minuten gehen lassen. Im vorgeheizten Ofen bei 180° 30 Minuten backen.

Maisstärke mit 100 ml Soja-Vanillemilch mischen. Die restliche Milch mit Zucker erhitzen und das Stärkegemisch mit dem Schneebesen einrühren.

Die Vanillesauce in einen tiefen Teller geben und die Buchteln darauf anrichten. Mit Beeren und frischen Minzblättern dekorieren und mit Staubzucker bestreuen.

» AUCH SÜSSE HAUSMANNSKOST DARF AUF DEM VEGANEN SPEISEPLAN STEHEN. BEI UNS WERDEN NICHT NUR DIE BUCHTELN, SONDERN AUCH MARMELADEN SELBSTGEMACHT. «

CHOCOLATE CHIP COOKIES

12 Stück

1 EL gemahlene Leinsamen
90 g vegane Margarine
100 g brauner Zucker
1 EL Vanillezucker
140 g Mehl
50 g kleingehackte Zartbitterschokolade
3 EL Wasser

Leinsamen mit Wasser verrühren und beiseite stellen. Margarine, Zucker und Vanillezucker mixen. Dann Mehl und Schokostückchen dazumischen. Teig in Frischhaltefolie gewickelt 15min kaltstellen.
Ofen auf 170° vorheizen. Esslöffel-große Teigbällchen mit größerem Abstand (gehen auf!) auf ein Backpapier setzen und diese leicht flachdrücken. 10-15 Minuten backen. Die Kekse sind dann noch recht weich, härten aber beim Abkühlen nach.

» IN AMERIKA HABE ICH MICH IN DIESE COOKIES VERLIEBT. LEIDER HABE ICH SPÄTER NIE EINE GUTE VEGANE VERSION DAVON GEFUNDEN – JETZT BACKE ICH SIE SELBER, WENN ICH LUST DARAUF HABE. «

FRÜCHTE SUSHI UND MAKI

8 Stück

250 g Rundkornreis
Salz
1 Pkg. Vanillezucker
150 g Kristallzucker
1 Zitrone
750 ml Sojamilch
100 g Erdbeeren
1 Mango
etwas Zimt
150 g Himbeeren

Rundkornreis gut waschen und abtropfen lassen. In einem Topf Sojamilch, eine Prise Salz, Zitronenschale sowie Vanillezucker langsam köcheln lassen. Zucker beigeben und stetig rühren.
Kochen lassen, bis die Flüssigkeit verkocht ist und der Reis gegart ist. Sollte der Reis zu körnig sein, noch etwas Sojamilch beigeben. Danach etwas auskühlen lassen. Erdbeeren und Mango klein schneiden.
Mit dem noch lauwarmen Reis und den klein geschnittenen Himbeeren aufmixen und als Sauce dazu servieren.

Tipp: Die Früchte kann man auch mit Orangen-Agavensirup bestreichen – so entsteht ein netter Glanz.

ASIATISCHER LECKERBISSEN

GEDECKTER APFEL-BIRNEN-KUCHEN

8 Portionen

Für eine Form mit 20 cm Durchmesser

MÜRBTEIG
230 g Mehl
75 g Zucker
2 TL Backpulver
100 g vegane Margarine
4 EL Wasser

FÜLLUNG
2 Äpfel
2 Birnen
50 g brauner Zucker
1 EL Zitronensaft
1 TL Zimt
Staubzucker

Für den Teig Mehl, Zucker und Backpulver mischen. Waser dazugießen und kalte Margarine stückchenweise untermischen. Teig gut durchkneten und in Frischhaltefolie gewickelt 1 Stunde kaltstellen. Den Teig in 2 gleich große Teile teilen. Einen Teil auf einer bemehlten Oberfläche dünn ausrollen und in die eingefettete Form legen – auch einen Rand machen.

Für die Füllung Äpfel und Birnen schälen und in dünne Spalten schneiden. Mit den restlichen Zutaten vermischen. Die Füllung auf dem Teigboden verteilen.
Den Ofen auf 180° vorheizen. Die andere Teighälfte ausrollen und die Füllung komplett damit bedecken.
Den Kuchen 50 Minuten backen. Dann gut auskühlen lassen. Mit Saubzucker bestreuen.

HIRSE AUFLAUF SÜSS

2 Portionen

200 g Hirse
350 ml Soja-Vanillemilch
40 g Walnüsse
1 Banane
25 g Rosinen
1 TL Margarine
1 TL Zitronenschale
2-3 EL Ahornsirup
1 Msp. Kardamom
1 TL Vanillezucker
Zimt
200 ml Wasser

Hirse in Soja-Vanillemilch und Wasser ca. 15 Minuten kochen, bis sie weich ist. Walnüsse und Banane kleinschneiden.
Alle Zutaten vermengen, in eine kleine gefettete Auflaufform geben und bei 180° 25 Minuten goldgelb backen.

KAISERSCHMARREN

— — — — — — — 2 Portionen — — — — — — —

120 g Mehl
2 EL Backpulver
20 g Zucker
1 Pkg. Vanillezucker
Salz
250 ml Hafermilch
30 g Rosinen

Mehl, Backpulver, Vanillezucker und Salz mischen. Hafermilch dazugießen und alles zu einem Teig verrühren. Den Teig in einer heißen Pfanne backen und mit Rosinen bestreuen. Wenden und mit zwei Gabeln zerreißen.

Tipp: Klassich serviert mit Zwetschkenröster. Wer variieren möchte, mischt frische Beeren darunter.

» AUCH DER KAISERSCHMARREN ERINNERT MICH AN DEN BESUCH DES JAPANISCHEN KAISERPAARS. ICH SERVIERTE IHN PERSÖNLICH (ZUGEGEBEN DAMALS NICHT ALS VEGANES GERICHT). SIE WAREN BEGEISTERT UND ICH GLAUBE, SIE ERINNERN SICH NOCH HEUTE AN DIESE WUNDERBARE, TRADITIONELL-ÖSTERREICHISCHE SÜSSSPEISE. «

MARMORGUGELHUPF

8 Portionen

Für 1 große Gugelhupf Form

250 g Zartbitterkuvertüre
250 g vegane Margarine
250 g Zucker
1 Pkg. Vanillezucker
500 g Mehl
20 g gesiebte Maisstärke
1 Pkg. Backpulver
Schale von 1 Zitrone
400 ml Reismilch

Backofen auf 180° vorheizen. Kuvertüre über Wasserbad schmelzen. Margarine mit Zucker und Vanillezucker mixen. Restliche Zutaten dazumischen. Die Hälfte des Teiges in eine eingefettete Form geben. Den restlichen mit der geschmolzenen Kuvertüre mischen und ebenfalls in die Form geben. Mit einer Gabel spiralförmig durch Teigschichten ziehen.
Kuchen 50-60 Minuten im vorgeheizten Backofen auf 180°C backen. Gut abkühlen lassen. Vor dem Servieren mit Puderzucker bestäuben.

» DIESER GUGELHUPF IST EINE KLASSISCHE MEHLSPEISE AUS MEINER KINDHEIT. STATT DUNKLER KUVERTÜRE VERWENDE ICH MANCHMAL AUCH HELLE REISMILCHKUVERTÜRE. «

MARZIPAN-KIRSCH-STREUSELKUCHEN

8 Portionen

Für eine Form mit 24 cm Durchmesser

MÜRBTEIG
450 g Mehl
150 g Zucker
4 TL Backpulver
190 g vegane Margarine
4 EL Wasser

CREME
150 g Marzipan
1 Pkg. Vanillepuddingpulver
500 ml Sojamilch
2 EL Zucker

300 g Kirschen
Staubzucker

Für den Teig Mehl, Zucker und Backpulver mischen. Wasser dazugießen und kalte Margarine stückchenweise untermischen. Teig gut durchkneten und in Frischhaltefolie gewickelt 1 Stunde kaltstellen. 2/3 des Teiges gleichmäßig in die eingefettete Form drücken. Ränder machen.

Für die Creme das Marzipan grob reiben. Das Puddingpulver mit 100 ml Sojamilch und Zucker verrühren. Die restliche Sojamilch zum Kochen bringen, das angerührte Puddingpulver dazugeben und unter ständigem Rühren einmal aufkochen lassen. Von der Herdplatte nehmen und Marzipan unterrühren bis es aufgelöst ist. Etwas abkühlen lassen und dann auf dem Teigboden verteilen.

Kirschen entkernen und eng nebeneinander auf die Creme setzen. Dann den restlichen Teig krümelig über den Kirschen verteilen. Kuchen bei 180° 30 Minuten backen. Mit Staubzucker bestreuen.

MOHNNUDELN MIT APFELKOMPOTT

— — — — — — — 2 Portionen — — — — — — —

500 g Erdäpfel
130 g griffiges Mehl
60 g flüssige vegane Margarine
Salz

80 g vegane Margarine
60 g Mohn

APFELKOMPOTT
4 Äpfel
1 Zitrone
1 Zimtstange
6 Nelken
80 g Zucker
etwas Vanillezucker
500 ml Wasser

Erdäpfel kochen, durch die Presse drücken und auskühlen lassen. Mit den restlichen Zutaten zu einem Teig verkneten. Aus dem Teig Schupfnudeln formen. Einen großen Topf mit Wasser und etwas Salz zum Kochen bringen und die Nudeln 8 Minuten darin ziehen lassen.

Margarine in einer Pfanne erhitzen, den Mohn dazugeben. Die Nudeln kurz darin wenden.

Für das Kompott die Äpfel schälen, entkernen und in Spalten schneiden. Restliche Zutaten mit Wasser aufkochen. Äpfel beigeben und ca. 3 Minuten köcheln lassen. Vom Herd nehmen und bereitstellen.

AUCH ALS SÜSSE HAUPT-SPESE GGEIGNET

MALAKOFFTORTE

10 Portionen

Für eine Form mit 24 cm Durchmesser

500 g Mehl
300 g Zucker
2 Pkg. Backpulver
eine Prise Vanillezucker
270 ml Sonnenblumenöl
3 ½ EL Essig
500 ml Mandelmilch

PUDDINGCREME
1 Pkg. Vanillepuddingpulver
500 ml Mandelmilch
100 g vegane Margarine
100 g Zucker
150 g geriebene Mandeln
500 ml vegane Schlagcreme (z.B. von Soyatoo oder Hulala Plus)
2 TL AgarAgar
2 EL Rum

ZWIEBACKSCHICHT
2 EL Rum
1 Pkg. Zwieback
200 ml Kaffee

DEKO
Mandelblättchen
Schokospäne
etwas Schlagcreme

Trockene Zutaten (Mehl, Zucker, Backpulver, Vanille) mischen. Flüssige Zutaten (Mandelmilch, Öl, Essig) mischen. Dann beides mit einem Löffel gut verrühren. Teig in die eingefettete Form gießen. Im vorgeheizten Ofen 50-60 Minuten bei 180°C backen. Gut auskühlen lassen.

Für die Creme aus Puddingpulver und Mandelmilch einen Pudding zubereiten. Abkühlen lassen, dabei öfter umrühren. Margarine mit Zucker schaumig rühren. Den abgekühlten Pudding einrühren. Die geriebenen Mandeln einrühren. Schlagcreme aufschlagen. AgarAgar in heißem Rum auflösen, zügig in die Puddingcreme einrühren und geschlagene Sahne unterheben.

Rum mit kaltem Kaffee in einem Teller vermengen. Die Puddigcreme abwechselnd mit in Kaffee getunkten Zwiebackscheiben auf den Teigboden schichten. Kalt stellen.

Mit Schlagcreme, Mandelblättchen und Schokospänen dekorieren.

MARILLEN- & ERDBEERKNÖDEL

4 Portionen

TEIG
500 g mehlige Erdäpfel
Salz
100 g Brösel
100 g griffiges Mehl

FÜLLUNG
4 Marillen
4 Stück Würfelzucker
4 Erdbeeren

BRÖSEL
100 g geriebene Haselnüsse
150 g Brösel
150 g vegane Margarine
Staubzucker

Für den Teig Erdäpfel kochen, schälen und sofort passieren. Mit Salz, Brösel und Mehl zu einem Teig verkneten. In gleichgroße Stücke zerteilen und ausrollen.

Für die Fülle Marillen entkernen und mit Würfelzucker füllen. Erdbeeren vom Strunk befreien. Jeweils eine Frucht mit einem Teigstück umhüllen und in Salzwasser ca. 10 Minuten köcheln lassen.

Nüsse und Brösel in Margarine in einer Pfanne anrösten, danach die Knödel darin wälzen und anrichten. Mit Staubzucker bestreuen.

EINFRIEREN, SPÄTER GENIESSEN

MOHNZELTEN

20 Stück

TEIG
500 g glattes Mehl
150 g mehlige Erdäpfel
½ TL Salz
½ Pkg. Backpulver
50 g Zucker
250 g vegane Margarine
200 g veganer Sauerrahm (z.B. von Joya) oder Sojajoghurt

FÜLLUNG
350 g gemahlener Mohn
140 g Zucker
400 ml Rum
1 EL Vanillezucker
2 EL Powidlmarmelade
125 ml Sojamilch
1 TL vegane Margarine

Für den Teig Erdäpfel kochen und noch heiß pressen. Mit den anderen Zutaten zu einem Teig verkneten und am besten über Nacht kaltstellen.

Für die Füllung Mohn, Zucker, Rum, Vanillezucker und Marmelade mischen. Sojamilch aufkochen, Margarine einrühren und zu den anderen Zutaten mischen. Kaltstellen.
Backofen auf 200° vorheizen. Den Teig in 20 Teile teilen und jeweils Kugeln daraus formen. Dann die Teigstücke etwas flachdrücken, jeweils ca. 1 – 1 ½ EL der Füllung draufsetzen und gut verschließen. Auf ein Backpapier legen und auf 1½ cm flach drücken. Mit einer Gabel ein paar Mal einstechen. Mohnzelten 10 Minuten backen, dann wenden und erneut 10 Minuten backen.

LECKERES MITBRINGSEL

NUSSSTRUDEL

4 Portionen

TEIG
350 g Mehl
1 Pkg. Trockengerm
60 g Zucker
50 g vegane Margarine
150 ml Hafermilch

FÜLLUNG
150 ml Haselnussmilch
90 g Zucker
2 TL Zimt
240 g geriebene Haselnüsse
50 g Semmelbrösel
30 ml Rum

100 g Staubzucker

Für den Teig Mehl mit Hefe und Zucker mischen. Margarine schmelzen und unterrühren. Hafermilch erwärmen und nach und nach in den Teig kneten, bis er eine geschmeidige Konsistenz hat. 30 Minuten zugedeckt an einem warmen Ort gehen lassen.

Für die Füllung Haselnussmilch mit Rum erwärmen, Zucker darin auflösen. Zimt, Brösel und Nüsse dazugeben. Durchrühren und vom Herd nehmen.
Teig dünn ausrollen. Füllung gleichmäßig darauf verstreichen. Teig aufrollen und zugedeckt 1 Stunde gehen lassen. Danach 45 Minuten bei 180° backen.

Mit Saubzucker besteuen.

PALATSCHINKEN

20 Stück

250 g Mehl
250 ml Sojamilch
250 ml sprudelndes Mineralwasser
Salz

Alle Zutaten gut mischen. Etwas Öl in einer Pfanne erhitzen. 1 Schöpfer Teig in die Pfanne gießen und ca. 5 Minuten braten lassen, dabei wenden.
Nach Belieben mit Marmelade füllen und mit Puderzucker bestäuben.

» EIN GANZ SIMPLES REZEPT, DAS DEN ORIGINAL PALATSCHINKEN UM NICHTS NACHSTEHT. AUCH HIER SIND DIE VARIANTEN ENDLOS: MIT MARMELADE, NOUGATAUFSTRICH, SCHLAGOBERS, FRÜCHTEN ODER SCHOKOLADE GEFÜLLT – SIE SCHMECKEN ALLESAMT HIMMLISCH. «

SCHWARZWÄLDER KIRSCHTORTE

10 Portionen

Für eine Form mit 24 cm Durchmesser

TEIG
500 g Mehl
300 g Zucker
2 Pkg. Backpulver
6 EL Kakaopulver
270 ml Sonnenblumenöl
2 EL Essig

FÜLLUNG
300 ml vegane Schlagcreme (z.B. von Soyatoo oder Hulala Plus)
1 Pkg. Sahnesteif
1 Pkg. Vanillezucker
1 Glas Kirschen
Marillenmarmelade

DEKO
Zartbitterschokolade
vegane Schlagcreme
Kirschen

Für den Teig trockene Zutaten (Mehl, Zucker, Backpulver, Kakaopulver) mischen. Flüssige Zutaten (Öl, Essig, 500ml Wasser) mischen. Dann beides mit einem Löffel gut verrühren. Teig in die eingefettete Form gießen und im vorgeheizten Ofen 50-60 Minuten bei 180°C backen. Gut auskühlen lassen.

Für die Füllung Schlagcreme mit Sahnesteif und Zucker gut aufschlagen und kaltstellen, bis sie gebraucht wird. Den ausgekühlten Schokoladenkuchen in 2 Böden schneiden. Einen Boden mit etwas Marmelade bestreichen. Nun eine großzügige Schicht Schlagcreme darauf verteilen. Die Kirschen gut abtropfen lassen und auf der Sahneschicht verteilen (ein paar für die Deko beiseite legen). Den zweiten Kuchenboden vorsichtig aufsetzen.

Nun die gesamte Torte mit restlicher Schlagcreme einkleiden. Schokolade fein raspeln. Torte mit Schokoladenraspeln, restlicher Schlagcreme und Kirschen dekorieren.

SCHOKOLADEMOUSSE

4 Portionen

500 g vegane Schlagcreme (z.B. von Soyatoo oder Hulala Plus)
1 Pkg. Sahnesteif
200 g Bitterschokolade
1 TL Rum
Vanillezucker

Schlagcreme mit Sahnesteif aufschlagen. Mit Vanille und Rum vermengen.
Bitterschokolade über Wasserbad schmelzen lassen. Etwas auskühlen lassen und vorsichtig unter die Schlagcreme melieren. In Gläser abfüllen und kalt stellen.
Mit etwas Schlagcreme und Bitterschokolade dekorieren.

» SCHOKOMOUSSE HAT MICH SCHON ALS KIND IN RESTAURANTS ANGELACHT, ABER ICH WOLLTE ES NIE ESSEN, WEIL MEISTENS GELATINE DAFÜR VERWENDET WIRD. SCHÖN, DASS ICH EINE TIERLEIDFREIE VERSION FINDEN KONNTE. «

TIRAMISU

– – – – – – – – 6 Portionen – – – – – – – –

Für eine 18x13 cm Form

300 g vegane Schlagcreme (z.B. von Soyatoo oder Hulala Plus)
1 Pkg. Sahnesteif
1 Pkg. Vanillezucker
150 g gesüßtes Sojajoghurt
240 ml gesüßter, starker Kaffee
2 Schluck Rum
12 Scheiben Zwieback
Kakaopulver

Schlagcreme mit Sahnesteif und Vanillezucker aufschlagen. Sojajoghurt unterheben. Kaffee abkühlen lassen und mit Rum mischen. 4 Scheiben Zwieback darin eintunken und den Boden der Form damit auslegen. Dann eine großzügige Cremeschicht darüber verteilen. Wieder 4 Scheiben Zwieback, eine Cremeschicht, 4 Scheiben Zwieback, eine Cremeschicht. Kakao darüber streuen. Über Nacht kaltstellen.

» TIRAMISU WAR FÜR MICH EINE KLEINE HERAUSFORDERUNG, WEIL ES WEDER VEGANE MASCARPONE NOCH VEGANE BISKOTTEN GIBT. EIN MODERNES TIRAMISU GELINGT ALLERDINGS AUCH MIT JOGHURT UND ZWIEBACK – WER ES NICHT GLAUBT, HAT ES NOCH NICHT PROBIERT! «

SCHOKOKIPFERL

— — — — — — — — 1 Blech — — — — — — — —

200 g vegane Margarine
50 g Zucker
250 g Mehl
100 g gemahlene Haselnüsse
50 g geriebene Zartbitterschokolade

DEKO
Geschmolzene Kuvertüre

Mehl, Haselnüsse, Zucker und gemahlene Schokolade mischen. Margarine in Stückchen dazukneten. Evtl. 1 EL Wasser dazugeben. Teig zu einer Kugel formen und in Frischhaltefolie eingewickelt mind. 30 Minuten kaltstellen.
Ofen auf 180° vorheizen. Teig in kleine Stücke teilen und zu Hörnchen formen. Auf Backpapier legen und 10-15 Minuten backen.

Die ausgekühlten Kipferl mit den Enden in die geschmolzene Kuvertüre tunken.

Tipp: Die Kipferl in einer mit Alufolie ausgelegten Box aufbewahren, so bleiben sie länger frisch. Oder nett verpackt als Gastgeschenk zur nächsten Essenseinladung mitbringen.

VANILLECREME MIT RHABARBER

— — — — — — — — 4 Portionen — — — — — — — —

250 ml vegane Schlagcreme (z.B. von Soyatoo oder Hulala Plus)
200 g Rhabarber
Saft von 1 Zitrone
etwas Vanillezucker
100 g Zucker
2 EL Weißwein
100 g Mandeln
250 ml Wasser

Rhabarber schälen und in kleine Stücke schneiden. Zucker, Weisswein, Zitronensaft und Vanillezucker mit Wasser aufkochen lassen. Nun die Rhabarberstücke dazugeben und kurz aufwallen lassen. Kaltstellen.
Mandeln mit Rhabarber im Mixer pürieren. Schlagcreme aufschlagen und die Rhabarbermasse vorsichtig unterheben.
In Gläser abfüllen und mit gerösteten Mandeln garnieren.

VANILLEKIPFERL

1 Blech

200 g vegane Margarine
50 g Zucker
250 g Mehl
100 g gemahlene Mandeln

DEKO
100 g gesiebter Staubzucker
4 EL Vanillezucker

Mehl, Mandeln und Zucker mischen. Margarine in Stückchen dazukneten. Evtl. 1 EL Wasser dazugeben. Teig zu einer Kugel formen und in Frischhaltefolie eingewickelt mind. 30 Minuten kaltstellen.
Ofen auf 180° vorheizen. Teig in kleine Stücke teilen und zu Hörnchen formen. Auf Backpapier legen und 10-15 Minuten backen.

Zucker mischen und die noch leicht warmen Kipferl damit bestreuen.

» OFT HAT MAN DAS GLÜCK, VEGANE VANILLEKIPFERL ZUR WEIHNACHTSZEIT ZU FINDEN, WEIL IM TRADITIONELLEN REZEPT KEIN EI VERLANGT WIRD. FALLS JEDOCH BUTTER VERWENDET WURDE, KANN MAN SIE AB JETZT SELBER BACKEN «

ZWETSCHKENKUCHEN

8 Portionen

Für eine 20x20 cm Form

250 g Dinkelvollkornmehl
120 g Zucker
1 Pkg. Backpulver
130 ml Sonnenblumenöl
1 ½ EL Essig
20 Zwetschken
Staubzucker
250 ml Wasser

Die trockenen Zutaten (Mehl, Zucker, Backpulver) mischen. Die flüssigen Zutaten (Öl, Essig, Wasser) mischen. Alles mit einem Löffel gut verrühren. In eine gefettete Form füllen. Mit halbierten Zwetschken belegen. 40-50 Minuten bei 180° backen. Auskühlen lassen und mit etwas gesiebtem Staubzucker bestreuen.

MIT GESCHLAGENER SOJASAHNE SERVIERN

» FLAUMIGER KUCHENTEIG UND SÜSSE FRÜCHTE SIND EINE WUNDERBARE KOMBINATION. DIE ZWETSCHKEN KANN MAN – JE NACH SAISON – DURCH MARILLEN, RIBISELN, ERDBEEREN ODER AUCH ANANAS ERSETZEN. «

ZITRUSFRUCHTSALAT MIT AMARANTH

4 Portionen

- 2 rosa Grapefruits
- 2 weiße Grapefruits
- 4 Orangen
- 1 Pomelo
- 2 Mandarinen
- 100 g Kumquats
- 4 EL gepopptes Amarant
- Saft von einer Zitrone
- 350 ml Orangensaft
- Minzblätter
- 2 EL Agavensirup

Grapefruits, Orangen, Pomelo und Mandarinen schälen und die Filets ausschneiden. Kumquats halbieren und in 100 ml Orangensaft 10 Minuten langsam köcheln lassen, bis die Schale weich ist. Auskühlen lassen und zu den Filets mischen.
Nun mit 250 ml Orangensaft, dem Zitronensaft und Agavensirup vermengen. Mit frischgeschnittenen Minzblättern und Amaranth vollenden.

ERFRISCHENDER POWERSNACK

MEINE NOTIZEN

MEINE NOTIZEN

MEINE NOTIZEN

MEINE NOTIZEN

REGISTER

REGISTER

HEIMATKUNDE FÜR DEN GAUMEN

>> Handlich und grafisch sehr ansprechend gestaltet, bieten die Bücher nebst etwa 60 Hausrezepten für Köstlichkeiten der jeweiligen Provinz auch eine atmosphärische Einstimmung und ein Glossar: Danach weiß man was Fedlkoch, Farferl, Plentn, Hadn oder Brein bedeuten. <<

Kleine Zeitung

Kärnten
EUR 10,00 (A/D)
ISBN 978-3-99005-116-0

Tirol
EUR 10,00 (A/D)
ISBN 978-3-99005-118-4

Vorarlberg
EUR 10,00 (A/D)
ISBN 978-3-99005-120-7

Waldviertel
EUR 10,00 (A/D)
ISBN 978-3-99005-174-0

SÜSS TRÄUMEN – JETZT AUCH AUF ENGLISCH

Austria is a land of sweet delights, with an almost unique variety of cakes, pastries and desserts. Over the centuries, traditional baking in Austria has been influenced not only by Bohemian, Hungarian and Italian cuisine, but also by regional rural cooking, and these baking traditions are maintained to this day both in the cafés and cake shops, and also in Austrian homes. Austrian baking is famous around the world for its delicous gateaux and excellent pastries, turning sweet dreams into a reality.

Süße Träume
aus Österreichs Backstuben
EUR 10,00 (A/D)
ISBN 978-3-99005-146-7

The Austrian Café
Favourite Desserts and Pastries
EUR 10,00 (A/D)
ISBN 978-3-99005-147-4

GROSSE BIERE AUS KLEINEN BRAUEREIEN

Craft Beer schreibt eine beispiellose Erfolgsgeschichte, beginnend in den USA. Anfang der Achtzigerjahre gab es dort landesweit nur rund 50 Brauereien, inzwischen ist die Zahl auf rund 2.500 angewachsen. Dieser Trend ist nun bei uns angekommen. Er geht weg von industrieller, geschmacksbefreiter Massenware hin zu charakterstarken Bieren. Geschmack steht im Vordergrund. Der Biersepp (Sepp Wejwar) stellt über 20 lokale und internationale Craft Biere vor, darunter einige Sieger des EUROPEAN BEER STAR 2013. Lesen Sie sehr persönliche Notizen über die besten Biere und innovativsten Brauer abseits des Mainstreams.

Sepp Wejwar | **Große Biere aus kleinen Brauereien**
176 Seiten, 15 x 23 cm, gebunden | EUR 19,95 (A/D)
ISBN 978-3-99005-134-4

REGIONALE BIOKÜCHE AUF HÖCHSTEM NIVEAU

Biologische Lebensmittel treffen sich in der regionalen (Hotel-)Küche. Die Bio-Hotels sind ein Zusammenschluss von über 70 ökologisch orientierten Hotels in Österreich, Deutschland, der Schweiz und Italien. Aus der Zusammenarbeit mit den BIO-Hotels entstand ein Kochbuch, das sowohl regionale Köstlichkeiten mit deren geschmacklichen Besonderheiten vorstellen, als auch eine gesunde, hochwertige und schmackhafte Küche präsentieren.

Vegetarische Küche
144 Seiten, 16,5 x 19 cm, gebunden | EUR 16,90 (A/D)
ISBN 978-3-99005-167-2